聞き語りシリーズ

リーダーが紡ぐ私立大学史❶

文化学園大学

大沼 淳

企画・協力　日本私立大学協会
著　　　者　平山 一城
発　　　行　悠光堂

はじめに

大沼淳は自ら、「私学教育人」と名乗ることを好む。「大学人」ではない、このあまり聞かない表現に、日本の高等教育への独特の思いが読み取れる。

日本私立大学協会（私大協）の会長には2000（平成12）年に就任した。今の任期は2020年まで、ちょうど20年間に渡って「私大協」を率いることになった。

2016（平成28）年、私大協は創立70周年を祝った。その記念誌の冒頭あいさつに、大沼は次のように書いた。

「加盟校は、北は北海道から南の沖縄まで407校を数え、私立大学の7割に及びます」。50周年のときの加盟校を1・6倍近くに増やした。

私立大学が増えたのだから、加盟校も増えて当然、と一般には考えられるかもしれない。しかし大沼の本領は、そこにあるのではない。むしろ、戦後の「私学」がここまで拡大するルートを築いた、その立役者ということにある。

戦後の新制大学は、国立も私立もほぼ同数、それぞれ80校ほどでスタートした。ところが、その後はどうなったか。

受験生の急速な増加への対応は、ひたすら私学に任された。国立大の数は今に至るまで横ばいだが、４年制の私立大は６００校に増えている。

「国立大優先」という国の政策にも変化はないなかで、私学経営者たちは自ら資金を工面し、ひたすら努力を重ねた。

戦後社会では、そこに「多様化」という要請が加わる。大沼は、その時代変化に相応しい制度づくりに先頭に立って邁進した。

「ファッションの学校の理事長が、私大協の会長を20年も務めるのは異例……」。この大沼自身の言葉に、その自負が読み取れる。

弱冠30歳で、各種学校を中心とした「文化学園」の経営を任された。

そこから4年制大学、大学院をつくり、系列の専門学校・文化服装学院とあわせて、世界をリードするファッション・センターを構築した。

この課程で「各種学校を高等教育につなげたい」と、専修学校という新しい学校づくりに専心し、その〝生みの親〟になっている。

ここまで増えた私立大には、専修学校からの昇格組が少なくない。

だから大沼は一般の大学人とは異なる。戦後私学の構造を形づくった「私学教育人」と呼ばれる資格が十分にあるわけだ。

本書は、こうした実績を通して大沼淳という人物像を描く。しかし、一各種学校のトップが、ここまでの力を発揮できた背景には、彼の歩んだ特別の境遇があった。そのことも大きな比重を占める。

海軍兵学校で17歳で終戦を迎えた大沼は、曲折を経て、戦後の第1回国家公務員試験に合格し、新設の人事院に入る。そこで連合国軍最高司令官総司令部（GHQ）による学制改革の一端を担う。

アメリカの文化と日本の伝統のはざまで、新制度を日本の教育界に根づかせるために奔走し、国会議員や中央省庁の高級官僚たちと太いパイプを築く。

各種学校や専修学校の全国組織のトップに押し上げられ、国の審議会や懇談会の委員として文教行政に影響力を持つ。

さらに、文化学園での経営手腕が見込まれ、民間企業の社長にもなった。ここでも日本青年社長会（YPO）の会長といった要職につき、多くの経営人たちとのつながりが生まれた。

このあたりも、普通の大学の理事長の枠を超えている。

「どこに行っても、いつのまにか、会長を任される」。本人がそう語っているように、大沼の周囲には、そんなムードを醸し出す「見えない何か」が存在しているらしい。

「私の人生は行き当たりばったり、ただ流れに任せていたのに……」というのだが、果たして、この不思議な魅力は何なのか。本書は、その辺についても大幅に紙数を割いた。

政界や経済界に多数の友人を持ち、文教行政に大きな影響力を行使できる背景には、この「人間力」があるに違いない。

長野県の飯山市に生まれた。屈指の豪雪地帯という厳しい自然環境が「忍耐強さ」を養ったことも寄与している、だろう。

「そんな田舎者にも、教育を施し、チャンスを与えてくれるところが日本のすばらしいところ」

そんな社会に報いたいと、卒寿（90歳）を迎えたいま、「上に立つ者」の心構えを「日本版ノブレス・オブリージュ」として提唱している。

その「こころ」は、「フランスでいうような高貴な人間ではない、つまり私のような人間でも、人の上に立って組織をまとめるために腐心してきたことを知ってほしい」というところにある。

戦前の教育勅語や、海軍兵学校のリベラルアーツ教育、茨城県の高等農事講習所での恩師の教え、大沼の考え方を形づくったものは青少年時代の教育に、その祖型がある。それが現在の彼の教育観とどう結びつくのか。「21世紀の社会は、いかに自由で、多様性に富んだ高等教育が実現できるかが問われる」という、その考え方とどう繋がるのか、思案を巡らせながら、筆を進めた。

いま、日本の大学の拡大期は終わり、生き残りをかけた競争の時代に突入した。地方の活性化を図るためにも「産官学」の連携拡大が急務となった。

私大協では、私立大をめぐる構造的な大転換（パラダイムシフト）の検討が本格化している。

今後の高等教育の進むべき道について、なんらかのヒントを見つけることに資する著作であることを念じるばかりである。

２０１７年12月

平山一城

目次

第3章　日本の〝ノブレス・オブリージュ〟、リーダーの条件

第1章　「私立学校の地位向上」に邁進

①「文化学園」と故郷・飯山との絆

▼「かの川」と庭続きの古い家

兎（うさぎ）追いし かの山
小鮒（こぶな）釣りし かの川
夢は今も めぐりて
忘れがたき 故郷（ふるさと）

大沼淳の「ふるさと」は、この旧文部省唱歌の舞台、長野県飯山市である。作詞者の高野辰之は、飯山小学校の教員をつとめたあと上京し、その16年後の大正期に、この歌をつくった。

大沼は「かの川」である千曲川が「庭続きに流れる古い家」に生まれた。9人兄弟のちょうど真ん中の5番目だったことが、「自立心」をなによりも尊ぶ生きざまをつくることになった。

この飯山市に、「文化北竜館」という宿泊施設がある。大沼が１９６２（昭和37）年に建設し、文化学園と飯山市との「絆」の象徴となっている。

本館４階、別館３階建ての施設は、あわせて54室あり、２３０人を収容できる。温泉をひいた展望風呂や露天風呂、足湯などもあり、いまでは、学園の学生・生徒たちの研修の場として使われるだけでなく、この地域の重要な観光スポットでもあるのだ。

文化北竜館は、かつて信濃の三大修験道の１つといわれた「小菅の里」につくられ、長野県北部（北信濃）を代表する妙高、斑尾、黒姫、戸隠、飯綱の通称「北信五岳」を一望できる。

そこには、神の森とも呼ばれる小菅山が三方を取り囲む「北竜湖」が、四季の木々の色を映し出して静かに横たわっている。

毎年夏、この北竜湖の湖面を彩る花火大会が開かれる。「北竜湖花火」としてすっかり定着したが、飯山市観光協会が主催するこの花火大会が、大沼の父母の死をきっかけに始まったことを知る人は少なくなった。

▼父母との別れに、花火大会始める

１９７０（昭和45）年、大沼は最愛の母親を亡くした。

すでに文化学園の理事長だった彼は、その経営手腕が注目され、市川製作所（現在の市光工業）という大手自動車メーカーの下請け会社に請われて、社長を任されていた。

42歳の働き盛り、学校関係では、６年前に全国各種学校総連合会（全各総連）の理事長に就任し、文部省の大学設置審議会、私立大学審議会の委員にも選ばれていた。「脂の乗り切った忙しさのピーク」にあった。

母が亡くなると、大沼はひっそりと帰省する。

だが、話を聞きつけた教育関係者や「社長仲間」、業界や銀行のお偉方まで大勢かけつけてきた。大沼宅で営まれる葬儀に飾られた花で、長野市内の花屋の花が払底したというエピソードが残っている。

大沼の母は教師、父は運送会社に勤めるサラリーマンだった。葬儀が済んで皆でお茶を飲むことになったとき､父親は､自宅の裏の畑にあったトウモロコシを焼いて､客に供した。「本当に、うまかった」。後々まで社長仲間が語った。客たちは「人懐こく、親切な」父親の人柄に触れたことにも感激して、東京に戻っていった。

ところがその父も、２年後の１９７２（昭和47）年夏に亡くなる。80歳だった。やはり経営者同志のつき合いをしていた仲間たちがやってくる。

このときである。

大沼は彼らを文化北竜館に招く。車の必要な距離だが、もともと、小菅山や北竜湖一帯は小学生のころ遠足で行ったことのある場所で、その美しさから学園の研修所に選んだ経緯があった。

仲間の若手社長たちは、いっぺんで湖の美しさに魅せられた。

「ちょうど夏の花火シーズン。大沼よ、この湖でオヤジさんの弔いの花火大会を開いてはどうだろう」

誰からともなく漏れたこの一言に、あっという間に賛同者が集まり、その場で１人10万円を提供してくれた。

その資金で翌年から催されているのが、現在まで続く「北竜湖納涼大煙火大会」なのである。

「オーソドックスな花火から、湖面上から上がる花火、最後に湖面を横断するナイアガラの見事さ……。圧倒されました」。そんな若い人たちの感想がインターネット上にも見られる。

協賛してくれた仲間の経営者の多くはすでに亡くなり、後継者の時代になっている。しかし、大沼が以後の協賛を辞退する旨を告げに出かけても、「いや、先代からは、あの花火大会の寄付は続けるように言われています」と、支援を継続している企業が少なくない、という。

▼学長を退く決断、私大協の会長は？

北竜湖花火大会は毎年、大沼の父親が亡くなった8月の第1土曜日に開催される。2017（平成29）年も、8月5日がその日に当たった。雨模様の日が続いた異例の夏だったが、この日は花火には絶好の天気に恵まれた。

花火大会の日には、学園傘下の高校生の研修や、OBたちの同窓会などのほか一般客も押しかけて、文化北竜館は満員になる。

大沼は、いつものように同館の見晴らしのいい席から花火を楽しんだ。

「オヤジが死んでちょうど45年か、長く続いたものよ」

当時を懐かしく振り返るのだが、しかしこの日は、例年とは異なる特別な感慨がこみあげていた。

7月1日付で文化学園大学の学長と、文化服装学院の学院長の職を後進に譲っていたから、である。学院長は途中にブランクがあるが、学長のポストは1969（昭和44）年に就任して以来、1度も離れたことはなかった。

文化学園のホームページには、「学長交代のお知らせ」が7月3日付で載っている。

「文化学園大学・短期大学部では、1969年より学長を務めました大沼淳理事長に代わり、7月1日より濱田勝宏（はまだ・かつひろ）副学長が新学長に就任いたしましたことをお知らせいたします」

「大沼理事長は、半世紀近くの長きにわたり本学学長を兼務し、大学の発展のみならず、日本の私立大学の発展にも寄与し尽力してまいりましたが、このたび、新たな体制のもと、本学のさらなる発展と研究成果等の社会への還元を期待し、副学長であった濱田教授にその職を交代いたしました」

と伝えた。

大沼はこの年の「新年のあいさつ」のなかで、学長の職を退くことを表明していた。後継者の名こそ伏せられていたが、教職員たちには「あとの体制でしっかりとやってほしい」

2012(平成24)年11月、筆者は大沼に長時間のインタビューをしている。そのとき、次のようなやりとりがあった。

筆者「私大協の会長はもう何年になりますか」

大沼「もう12年になります。いまの任期が終わると14年です」

筆者「いつまでやるのですか」

大沼「もうとっくに、やめないといけないのですけれども、やめさせてくれないわけ」

ぶしつけな質問に、こう答えていた。このとき84歳である。その言葉は全く自然な響きを帯びていた。

旺盛な話ぶり、年齢を全く感じさせないバイタリティーに驚嘆していた筆者だが、しかし、「すでに12年間務めた会長職を後進に譲ることを考えている」と示唆するかのようであった。

▼「90歳を迎える」。残り少ない任期に

ここにきて自らの大学の学長を退く宣言をしたのは、私大協の会長としての任期と関連している。

2016(平成28)年4月1日、私大協の役員たちの新たな任期が、2020年までと決まった。

大沼は、2018年4月11日で満90歳になる。20年には92歳である。72歳で任された会長在任が、ちょうど20年の節目に当たる。

一方の私大協では、「会長でいる間は、大学の学長にとどまるべきだ」という暗黙のコンセンサスがある。

だから、大沼の学長引退は同時に、「私大協会長をこの期かぎりで辞める」との意思表示をしたのと同じなのであった。

終戦直後、1946(昭和21)年に発足した私大協は2016年、創立70周年を祝った。

加盟校は４０７校に達している。50周年のときは２５９校だったから、この20年間で１５０校も増えたことになる。日本の私立大の７割を抱える大組織となった。

「加盟校を倍近くに増やした」

それも、大沼の会長としての実績に数えられる。だが、本人は「私大の成長期でしたから、誰がやっても同じでしたよ」と、決して自らの手柄にする素振りをみせない。

「まあ、財政的には豊かになりましたね。私が副会長のときに財務を担当して会費の額を決めていますが、加盟校が増えたことで、値上げをせずに済んでいます。その点はありがたいことです」

「誰がやっても同じ」。この言葉には、並々ならない自信があふれていた。

確かに、ここにきて私立大の数が増えたから、それに比例して加盟校も増える。一見当たり前のようにみえるが、私立大として認可されるには、それなりの条件がなくてはならない。

多いケースは専修学校や短大からの昇格組だが、この「専修学校」という枠組みをつくり上げたのは他ならない、大沼その人なのである。

「私大協会長は20年だが、各種学校や専修学校の総連合会の会長は30年もやってましたからね」

60代までは、大学よりも専修学校や各種学校といった「もう1つの高等教育分野」の進路づくりに邁進していた。

いま、私立の大学となっている学校の多くが、大沼らの努力によって敷かれた軌道を歩んできたところがほとんどなのだ。

文化学園のホームページの「学長交代のお知らせ」は、大沼について、半世紀近くの長きにわたり学長を兼務し、「大学の発展のみならず、日本の私立大学の発展にも寄与し尽力してまいりました」と謳っている。

「ファッションの学校の理事長が私大協の会長を20年も務めるということ自体が、あり得ないこと」

常々、そう口にする大沼だが、そこには大沼自身の、そしてファッションの学校からスタートした文化学園の並々ならない誇りがある。

「私大協では、今度うちの大学の学長になった濱田君も、学生生活指導研究委員会の委員長を任されていますから……」

そう語った大沼は92歳で私大協から身を引く意思を固め、残された期間を高等教育の将来の指針を描くために費やすことを考えている。

ただ私大協も、「これまでのように、誰がやってもうまくいった（高度成長の）時代から、困難極まりない時代に入る」と心配している。

②60歳からは「社会への恩返し」を考え

▼「30年が３期」の90歳、それぞれ全力で

大学の学長は退いた大沼だが、学校法人文化学園では理事長として今後もその運営を担っていく。

濱田新学長も「今後とも本学の教育方針に変わらぬご理解をいただきたく、お願い申し上げます」と、大沼の施策を継承することを誓う。

ただ大沼は今回、筆者のインタビューに自分の人生を振り返り、次のようにも述べている。

「私の90年は、ちょうど30年ずつ３期に分けることができるのです。文化学園を任されることになる30歳まで、そして『充実期』ともいえるその後の30年、60歳を経て現在までの30年です」

そのうえで、60歳からは「それまで自分がお世話になった社会にお返しをしていく時期

る。

と考えて生活してきました」と。

72歳からの私大協会長としての仕事は、こうした考えを抱きながら続けてきたことにな

安倍晋三内閣は「人生100年時代構想会議」をスタートさせた。最初の会議で、人材論の世界的権威、英ロンドンビジネススクール教授のリンダ・グラットンが「長寿化に伴う新たな人生のあり方」を語っていた。

日本では、2007（平成19）年生まれの子どもの半数は107歳まで生きる時代に突入するという。これまでの「教育」、「仕事」、「引退」の3つのステージを順番に経験する従来の発想を脱し、「戦略的な人生設計をどう組み立てるか」が重要になる。

つまり70代から80歳を過ぎても、それまでの人生経験を活かして働く人たちがどんどん出てこなければならない。

大沼の生き方は、まさに「人生100年時代」を先取りするかのような強い意思を感じさせるのである。

大沼は2013年11月に『ノブレス・オブリージュの「こころ」〝リーダーは世のため人のためにあれ〟』（学芸みらい社）を出版している。

ひらたく言えば、60歳までの充実期を精一杯働き、「功成り名を遂げた」末の30年をどう生きるか、という自らの覚悟の書である。

ノブレス・オブリージュとは、もともとフランス語で「高貴な身分には義務が伴う」の意味である。「このままなら、私にはもともとより縁のない言葉である」と大沼は言う。

なぜなら、自分が生まれ育ったのは「山間の田舎町の、ごく平凡な、どこにもある名もなき家だから」である。「身分の高い者にはそれに応じた、果たさなければならない義務が……」といっても別世界のようである。

しかし近年、イギリスなどでは、この精神が大衆の保護を目的とする具体的な政策を練り上げる精神を意味するようになり、社会立法や労働立法の際の重要な哲理となってもいる。

「そうだとすれば、現在の自由主義と民主主義を標榜する社会にあって、リーダーとして社会の責任の一端を担う立場にある者は、改めてこの〝ノブレス・オブリージュ〟という言葉の重要性を認識すべきだ」と語る。

戦後もすでに70年が過ぎて、社会が大きく変化するなかで「日本人としての心の持ち方」が問われている。そこで大沼は「世のため、人のため」に生きる精神の大切さを訴える。

▼日本版〝ノブレス・オブリージュ〟とは

では、現代の日本のリーダーにとって、〝ノブリス・オブリージュ〟とはどのようなものと考えればいいのか。

大沼はそれを「日本の伝統的な精神文化のなかで育まれてきた『惻隠（そくいん）の情』のようなもの」と定義する。

独特の表現だが、それは大沼が出会った職場でも、人々との交流でも、幸運のうちに「やりたい仕事を継続することができた」という満足感に裏打ちされている。

そして、「決して身分の高いとは言えない田舎者の人間でも、それぞれの力を受け入れ、育ててくれる」日本という社会への感謝の念の表明でもある。

新潟との県境に近い町に生まれ、山野を駆け巡り、千曲川に遊び、厳しい風雪に耐えて育った。決して豊かではないが、幸せであるべき少年期も戦争、そして敗戦という非常事態をくぐり抜けなければならなかった。

9人兄弟の真ん中、上に兄が3人という境遇では、故郷を出て自活することが宿命づけられていた。

体力に自信があったわけでもなく、軍隊が好きなわけでもなかったが、「兵役に服するなら将校に」と国費で生活できる広島県・江田島の海軍兵学校に入る。

敗戦は17歳で迎えた。東京に出たものの、焼け野原となった首都の姿にショックを受ける。

「Boys, be ambitious!（少年よ、大志を抱け）という有名な言葉があります。しかし、私自身はこの ambition（大望）というものを持ったことは1度もありません。当時の私には人生に選択という自由はなかったのです」

唱歌「故郷」には、「こころざしをはたして　いつの日にか帰らん」という節があるが、大沼には無縁だった。

しかしそれにもかかわらず、その人生は幸運な展開を見せる。

しばしば「他力によってつくられたようなもの」という。

その認識が「人との出会い、触れ合いを何よりも大切に」とする人生哲学を生み、のちには「人々が協力して生活できるにはどのような環境を整えるべきか」というリーダーの道につながる。

海軍兵学校でエリートとしての教育を受けた少年は、東京で多くの幸運をつかむ。茨城県の高等農事講習所で学び、成人を迎える。

上級の学校に進むか、職に就こうかと考えているときに、講習所の図書館で「第一回国家公務員試験」の案内を見つける。

難関を突破して、新設された人事院に採用されたことが、のちの進路を決めることになる。社会人のスタートを中央官庁の、しかも、重要なポストで切ることができ、そこで今日に至る基盤が築かれた。

「10年後に私立学校の経営責任者となり、社会にも認められ、教育の各種委員会の委員や関係団体の責任者も務め、叙勲の栄にも浴しました」

「決して高貴な身分には生まれなかったが、時代の変化のなかで埋没することなく、周囲の恩恵にあずかって、多少なりとも国家社会のためになる職務が遂行できる立場に立つことができました」

そのことへの恩返しが、90歳になろうとする今も継続の途上にある。そう確信できる「幸せ」が、その表情から読み取れた。

著書のなかで、次のように語っている。

「政治家も、経営者もそれぞれの権力を持ってはいますが、私は権力で仕事をしてはいけないという信念を持っております。『惻隠の情』という言葉があります。その思いで部下に接するということを心がけています」

「(明治期の)五カ条の御誓文に、『官武一途庶民に至るまで、おのおのその志を遂げ、人心をして倦(う)まざらしめんことを要す』とあります。上に立つ経営者は、役員であろうとその下の者であろうと、それぞれ自分の処を得て倦むことなく働けるようにすることです」

大沼の言う「惻隠の情」とは、「強い者が勝ち続けるのではなく、弱い者にも配慮する社会」をつくってきた日本の伝統文化に寄り添い、「下の者たち」とともに歩む姿勢のことなのである。

▼北信濃の「田舎者」のハンディも……

大沼には、仕事上の鉄則とする言葉がある。「ごまかしや一時しのぎの解決では、将来に禍根を残す」である。

これと「人を叱ったことがない」という弱い者をいたわる「惻隠の情」による経営とはどう折り合いをつけているのだろうか。

人の上に立って一定の期間に仕上げなければならない仕事が、部下の不手際によって滞ることはある。そんなときでも「叱らず」に済むのか。

『ノブレス・オブリージュ』の編集に参加した著述家、池内治彦は、この人は「余程な人」である、また「稀有な人」でもある、としたうえで、「会えば会うほど、大沼淳という一個の人間としての大きさが身に染みてくるのだ。世の中そう思える人物に出会えることは、そう多くない」と記した。

この大沼評は、正鵠を射ている。

そこでまず、大沼が北信濃の「田舎者」であったことから経験したエピソードによって、彼の人生観がつくられていく過程を考えてみよう。

1つは、江田島の海軍兵学校での英語の授業に全くついていけなかった、という苦い思い出である。

兵学校にはもともと、「軍事学」より「普通学」に重点を置くリベラルアーツ教育の伝統があった。戦中はそれが揺らぎ始めていた。

しかし米内光政、山本五十六とともに日米開戦に反対したという信念の海軍大将、井上成美（しげよし）が校長に就任すると、リベラルな教育方針が復活していた。

兵学校の生徒は78期が最後で、76期の大沼は終戦前年の１９４４（昭和19）年4月の入校であった。井上が校長になって1年半近くが経っていた。

江田島の普通学は、とくに数学的なセンスを重んじ、微分・積分から偏微分や関数論にまで及ぶ。さらには量子力学や熱力学など、いまなら大学で教えそうな難しいものもあった。

飯山中学を「全甲」の最優秀で通した大沼には、さほど苦にはならないが、英語だけは全く理解できない状態に落ち込んだ。

兵学校の入試は英語で勝負が決まると言われ、英語も読み書きでは負けなかった。しかし入学してみると、英語の授業はディクテーション、つまり読み上げられた英語を耳で聞き取ることが重要視された。

これに歯が立たない。当時の飯山中学では、「英語の先生も、英語を日本語でしか発音していなかったからね」と笑う。

兵学校で使うのは英和辞典ではなく、すべて英英辞典だった。これも、すでに敗戦を見通し、戦後の社会を生き抜けるように、と考えた校長（井上）の親心だったのだが、教官に罵倒されるうちに、すっかり英語嫌いになってしまう。

「こればかりは、海外に視察にでかけるようになる後々まで、響きました」と述懐する。

▼「生まれた環境を『繭』にして」

２つ目は、いまとなってみれば、より深刻な思想問題である。これも、信濃の地域性と関連している。

１９２０年代は左翼がもてはやされ、政府の封じ込めが厳しくなった時代だが、大沼の家でも「お前、それ（アカ）だけにはならないで」と母親がよく言っていた。

マルクスやエンゲルス、レーニンなどの本を読んでいないと、仲間と話が合わないと思わされることもあった。

「長野の師範学校に在籍していた長兄の先輩で小学校の先生がうちに下宿していて、ちょっと『左』がかっていました。その先生とは、社会主義についてずいぶん議論もしたものです」

一時よく読まれた『不思議の国の信州人』(KKベストセラーズ)の著者、岩中祥史は「過去の話といえばそれまでですが、長野は歴史的に、進歩的で、インテリが多く、教育水準も高い、と言われました。社会主義者や共産主義者はイコール知識人という見方も流布していました」と語る。

大沼も『資本論』『共産党宣言』を読み、「マルクスにハマった」時期があったという。その思想的な弱点を指摘し、生きるうえで何が大切であるかを教えてくれたのが高等農事講習所の初代所長、小出満二(まんじ)だった。

その交わりについては第3章で詳述するが、大沼が考え方を変えるきっかけになったのは、小出の「自由」というものの本質についての教えだった。

自由とは、人間にとって最も大切な概念である。しかし、「自由でいたい」と主張する人間のなかには、他人の権利や自由を認めようとしない者もいる。共産主義のイデオロギーにはその点で、大きな落とし穴がある。

自分が自由であるためには他人も自由でなければならない。他人の自由を尊ぶことが大事であり、自分が否定されたからといって、相手を否定しない、相手を許していく。その寛容の精神が共産主義にはない自由主義の根幹である。

そう教えられた。

それは自分が生まれ育った環境についても言えるだろう。厳しい自然環境がいやだ、周りの人間が気にくわないといって人は生きていくことはできない。人は誰しも、その置かれた時代や環境を飛び越えて生きることはできない。

作家の司馬遼太郎は「人間は自分が生まれた時代と生まれた環境を『繭』にして育つ。そこから逃げることはできない。それによって人間形成はほとんど決まってしまう」という意味のことを書いている。

このエッセイを見つけたとき、大沼は思わずヒザを打つほど感動した。

そうなのだ。自分の青春時代は、海軍兵学校の校庭で原爆投下のきのこ雲を目撃した直後の敗戦によって、終わりを告げた。

「自分はなぜ、こうして生きているのか」。戦争によって、死を覚悟するという「宿命」を背負いながら、再び「生」の意味を問い直し、必死に人生をやり直そうともがいていた若い日の自分が愛おしくてならなかった。

人は生まれた時代と環境とを飛び越えて生きることはできない。人間が一生の間に会える人の数は限られてもいる。だから、周囲の人たちとの「出会い、触れ合い」を第一に考えて進もう。

決して無理をする必要はない。ただ、「誠実に、周りの人たちのことを考え、自分自身を発見していくこと」に徹することを誓った。

満30歳を目前に、文化学園（当時は並木学園）の理事長から、「私の後継者として学園を頼む」と声がかかる。「なさねばならぬ何か、がそこにある」と直感したという。

まるで「天啓（ミッション）」でも受け止めたかのように、大沼はその要請をあっさりと引き受け、全く門外漢のファッション学校の経営者へと転じていく。

③ファッションで「世界一」をつかむ

▼強靭な意志力は「両親への思い」から

信濃の地域性にまつわるエピソードを紹介したが、当時の大沼には確かに田舎育ちというコンプレックスはあった。

それをどのように克服したか。１つのケースを記してみよう。

１９４９（昭和24）年1月16日、第１回国家公務員試験があり、受験する。準備のため帰っていた飯山から夜行列車に夜通し乗り、８時間もかかって上野駅に着いた。

試験会場は神田の中央大学である。続々と集まってくる受験生はみな、年齢も上で、立派で秀才のように見え、自分がみすぼらしく思えてならなかった。

「合格するために受けるのではなく、どんな問題が出るのか、これからの方向を見極めるための受験なのだ」。そう考えて気持ちを落ち着かせた。

ふと窓の外を見ると、隣のビルの窓枠に雀が止まっていた。

「ああ、東京にも雀がいる。信州の雀と少しも変わりがない。そうだ、東京の人間も田舎の人間も、みんな同じなんだ」と、心に言い聞かせたという。

筆者は、この話を聞いて、同じ北信濃から江戸に出てきて苦労した俳人、小林一茶を思い出した。

一茶も「椋鳥（むくどり）」とか「信濃者（おしな）」などと冷やかされながら、頭角を現していく。

大沼もそんな自前の心理操作で、冷静さを取り戻して見事、国家公務員試験に合格し、人事院に配属されて、その後の進路が開けた。

そして不思議なことに、ここに至る過程でも、大沼ならではの思わぬ縁、めぐり合わせが重なっていた。

17歳になった大沼は、敗戦後の進路選択で上級学校を受けることを考えるのだが、GHQによって海軍兵学校や陸軍士官学校の出身者の進学が制限されていた。

しかたなく、ここも授業料や寮費が無料なうえに食事がつくと聞いて、茨城県に財団法人として新設された高等農事講習所に入る。

その3年生のときに、図書館の新聞で公務員試験を知る。そこには「20歳から受けられる」とあった。大沼は講習所で3年間を過ごしていたために、ちょうど20歳になっていた。

そして、ダメで元々と受けてみた試験は、講習所でマルクス理論の不備を見つけながら経済学を必死に勉強していたことが功を奏し、合格した。

「災いを転じて福となす」という言葉がある。大沼の場合は、その時々の不運もそうとは感じずに、ジッと受け止めて、時を待つ。そうすることが道を拓くことにつながっていた。

大沼は特定の宗教の信者ではないが、宗教そのものは非常に大事に考えている、という。なかでも仏教なら、「仏像の見方、たとえば観音様の見方を体系づけて覚えているところなどは、僧侶も驚くくらい」と笑った。

しかし、心の支えになっているのは「大自然に対する畏敬の念」である。それは北信濃の厳しい自然環境のなかで身についた忍耐や我慢強さにもつながるものだろう。

「格別の信仰を持たない自分が、たじろぐこともなく、大きく道をそれることもなくやってこられたのは、知識や理屈や権力でない『目に見えないもの』が私を育んでくれたから」という。

そして、それを故郷の母の愛が強めてくれる。

「親元を離れて生活しても、いつも心のなかの母が私の支えになっていた。母を悲しませたり、困らせたりしてはならない。母に喜んでもらえる人間になろう。努力して心配をかけないようにしよう」

なにごとでも、物事の判断を最後は息子に任せてくれた母への思いが、大沼の強烈な「自立・自律」の精神となっている。

「すべてを自分で考え、自分で決めた」「他人に頼まないで、自分でやる」という強靭な意志力の源泉を見るようである。

▼これも運命？　人事院で「文部省担当」に

大沼が、人事院を退職して文化学園に移籍するのは1958（昭和33）年2月である。4月にはちょうど30歳、人事院で9年間勤務してのことだった。

文化学園での生活のスタートである。

しかし、そこに至る過程でも、本人が思いもよらない偶然に遭遇する。その経緯から見ていこう。

日本は1945（昭和20）年8月のポツダム宣言受諾から、1952年4月28日に独立を果たすまで、GHQによる占領体制下にあった。

GHQの施策は、「日本の国の体制をそっくり創りかえること」を意図したかのように徹底したもので、教育制度もアメリカを手本にした6・3・3・4制をはじめとする新たな仕組みが導入された。

人事院は、そうした国づくりをするための官僚制度の改革のために設置された。第1回の国家公務員試験に通った大沼らは、その1期生として新しい国家公務員法にもとづく行政の立て直しに当たった。

大沼にはGHQ公務員部長、フーバーが語った言葉がいまでも耳に残っている。

「占領軍は日本の民主化を進めるために、軍隊と財閥を解体し、農地を開放し、教育改革も進めた。しかし最も重要な行政改革が思うように進んでいない。それは中核をなす官僚機構に問題があるからで、その改革のために諸君に期待するところは大きい」

フーバーは「それを海に捨てたいという衝動にかられる」とまで言った。それは内務省を中心とする戦前の官僚組織で、大沼らは米国の行政学や人事管理学を学び、日本の行政機構を内部から改編する実働部隊とされた。

１年が過ぎたころ、政府の各省を担当する12人の担当官が選任される。そこで大沼は、文部省（当時）の担当となり、戦後の教員の人事制度を再構築する重責を任されたのである。

「母や兄が教員であったので、文部省の担当になったのは、私の運命だったのだろうか、とも考えました。そして、そのことがいまも籍を置く文化学園との縁につながっていたのですから、おもしろいですね」

大沼は後々、「人に頼まれたら、『いい機会を与えてくれた』と思うようになった」、あるいは「悪い環境に置かれたときでも、焦らずに、自分の立ち位置を客観視できるようになった」と語っている。

意図しない「めぐり合わせ」、それがたびたび訪れることで生まれた哲学のようなものだろう。こうしたことは人間なら誰にでもありそうだが、大沼の場合は突出して多いように感じられる。

ともあれ、そうしたことで「任されたら、誠実にこなす」が大沼の仕事の流儀になり、その仕事ぶりが難局突破に結びつくという好循環を生む。

人事院でもそうである。当時、60万人に及ぶ強大な日本教職員組合（日教組）が組織され、新たな給与制度などをまとめる際には、執行部との団体交渉に臨むことになる。

「日教組は、人事院の責任者が若造だということで、相手として不足のように感じていたようですが、文部省や国会議員とも連携しながら、新制度をまとめあげ、現在に至る教員の人事制度の基礎を確立したのです」

こうした課程で、文部省や大蔵省の幹部たち、多くの国会議員、そして国立大学協会や小学校から高等学校までの校長会幹部にいたるまで、多くの人脈を得ることになった。

▼「君は将来、次官にもなれる人材だが……」

文化学園（当時は並木学園）から大沼に電話をしてきたのは理事長、遠藤政次郎だった。「至急、お目にかかりたいから、自宅へきてほしい」。１９５７（昭和32）年11月下旬のことだった。

スタートしたばかりの新制大学の間では、人事院で教育制度改革を仕切っている大沼はちょっとした有名人になっていた。

早稲田、上智、青山学院といった大学の幹部の会議に呼ばれて、新制度を説明するようなことも増えていた。

文化学園には1950(昭和25)年、文化服装学院に文化女子短期大学が併設された。4年制の大学はなかったものの、大沼は学園にも出入りして、理事長とは交流が生まれていた。

「さっそくお宅へ参上しますと、理事長は脳梗塞を発症して、床に伏せっておられた。そして、いきなり『私に代わって、学園の運営をやってほしい』というのです」

「当時の学園は1923(大正12)年に並木伊三郎、遠藤政次郎の両先生が開設して35年の歴史がありました。私はお2人に血縁も同郷の縁も全くない人間です。まだ29歳の青年に、その学園の未来を託すというのですから、思わず『先生、なにか錯覚しておられるのでは……』と口走ったほどです」

ところが遠藤は真剣な眼差しで、病床からこう語った。

「あなた以外にいないと判断したのだ。この学校は極めて特殊なので、その点をきちんと理解している人でないと務まらない。私はあなたを高く評価している。役所ではいずれ、局長や次官にもなるお人と思っているが、その前途を放ってきてくれたら、命がけでやってくれるに違いない」

そこまで言われては、大沼も承諾するしかなかった。そしてこう思った。

「先生は、功成り名を挙げた二度務めのような著名人には任せたくなかったのだろう。そうではなく、将来を潔く捨てて、『学園の人』になりきってくれる人物、学園の実情を素直にみて、特色を的確につかみ、諸問題に誠実に対処する人物こそが適任と考えたに違いない」

それで、門外漢の大沼に白羽の矢が立った。「自分で言うのも面はゆい話ですが……」と言いながら、振り返るのである。

確かに、大沼はこの時点では、私学経営はおろか、私学の事務や教育にたずさわったことはない。洋裁教育や出版事業、物品販売の経験も知識も持ち合わせていなかった。

そうしたなかで大沼の文化学園での生活は始まっていく。

戦後の洋裁ブームで文化服装学院は新宿駅南口に9階建ての円形校舎を建設するなど話題を集めていた。しかし、急激な成長に経営基盤の整備が追いついていなかった。労働組合も結成されて、闘争の嵐が吹き荒れていた。

そこに乗り込んだ大沼に対する教職員の反発は激しさを増した。

「給与の不満がたまっていましたが、組合のいうボーナスを出したら立ちいかない。突っぱねると、全面ストライキに突入するのです。人事院時代にやりあった日教組の幹部らが知恵を貸してくれ、『ボーナスも大切だが、学園の将来に希望を見出す努力をお互いにしよう』と話し合いを重ね、20日間続いたストは解除されました。１人の解雇者も出さなかったことで、組合も認めてくれたのです」

余談だが、このことが当時の週刊誌で「モード（文化学園）の組合が完敗」と大沼の手柄として紹介され、市川製作所の社長に迎えられる端緒ともなる。

▼各種学校から大学、大学院開設へ

教職員組合と「将来に希望を見出す」で相互理解に成功した大沼は、そのことによって「学園に根づくこと」ができた。

移籍して2年間は常務理事を務め、１９６０（昭和35）年、理事長に就任すると、次々と学園改革の施策を実践していく。

「学園をここまでにできたのは、必要以上に難しく考えなかったから」。これも大沼流の発言だが、実際は、常に緻密な戦略が練られていた。

まず、２つのことを考えた。１つは、文化服装学院のような学校教育法に明確な位置づけのない各種学校の社会的地位を上げていくこと。そして、ファッションの学校の社会的地位を高めて女性の活躍の場を広げること、である。

「それには、どうしても大学を併設しなければならない」

大沼は１９６４（昭和39）年に文化女子短期大学を体系化して、４年制の「文化女子大学」を創設する。

これも、その2年後に、戦後の急激な出産増によってベビーブーム世代と呼ばれた人たちの進学の波がやってくることを見越したものだった。

４年制の設立には「ファッションを学問のなかに『学術』として認めさせる狙い」があった。「ファッション学」の構築といってもいい。それは同時に「服飾産業を拡大させ、日本の知識・技術を国際的に広げる戦略」と密接につながっていた。

大沼は１９６２年、留学生のための奨学制度を設け、東南アジアからの学生たちを受け入れ始めていた。

「服飾界の未来をひらく」を合言葉に、出版局が発行する『装苑』の海外版を、英語、中国語、タイ語と普及させる。さらに卒業生の経営する洋裁学校の育成のために各地に設けた「連鎖校」をアジア各国に次々に広げていた。

ファッション市場が発展していくことは、間違いなく、産業としての裾野も広がる。大沼は、洋裁学校という古い意識を脱ぎ捨て、「海外でも活躍できるプロ」を養成する学校に創りかえることを目指した。

欧州の実情を見たいという学生の夢をかなえるため1964年には、ジェット機をチャーターして131人の学生を22日間の研修旅行に連れて行く。

産業志向にシフトするための最初のカリキュラムとして生産システムを導入し、アパレル産業の発展を見すえた生産、製造技術、商品工学などの学習分野を独自に開発していった。

そこから高田賢三、コシノヒロコ、山本耀司ら世界に羽ばたくデザイナーたちが巣立っていく。

文化服装学院は遠藤が理事長の末期から、男子入学を認めているが、文化女子大学も文化学園大学と名称変更し、2012（平成24）年度から男女共学とした。服装学部、造形学部、現代文化学部の3学部と短期大学部で構成されるファッションの総合大学に発展した。

大学院では、早くから被服学専攻を置いてきた。そしてこれとは別に、ファッションの分野では日本でここだけの専門職大学院「文化ファッション大学院大学」を単独で創設している。

留学生は現在、1600人近くに達しているが、ファッション大学院大学は学生の約

80％が外国の大学からの留学生によって占められ、しかも、授業はすべて日本語によっている、という。

「外国の立派な学生がどれだけ入ってくれるか、それが勝負です。ハーバードのような大学と競うのは、日本では東大でしょうが、ファッションでは私のところが、優秀な人材を世界中から呼べるようになりました。各国の一流の専門大学を出た人たちがここに来ています」

「世界中の大学を出た人たちが大学院レベルでファッションを学ぶという点では、おそらく世界で1カ所、ここだけでしょう」

そう胸を張れるまでになっている。

④専修学校の〝生みの親〟になる

▼戦後の高等教育のシステムづくり

前項で、大沼が文化学園を任されたとき、2つのことから始めたと書いた。

定義があいまいだった「各種学校」の地位を向上させること、そして女性の活躍につながる学校づくりである。

ここで彼が各種学校の地位向上に着手したことが、戦後の私立学校のあり方を大きく変えることになった。

各種学校の地位向上のため、「専修学校」の制度がつくられ、高等教育段階のものが「専門学校」と呼ばれるようになると、「専門学校」は急速に増加した。

日本では、受験生の数の変動にはいつも私学が対応してきた、という歴史的な習慣も関係しているが、大沼は、戦後の高等教育のシステムづくりに常に、私学の立場でかかわっていた。

人事院で文部省を担当していた経験がモノを言った。

文化学園の理事長になると即座に、付属の短期大学を体系化して、４年制大学を立ち上げたが、これも他の各種学校のモデルとなった。

こうした一種の離れ業は、人事院での経験を抜きにしては考えられない。

４年制の文化女子大は、創立と同時に「私大協」の会員校となるが、大沼は私大協の仕事はほとんどせず、しばらくは、各種学校・専修学校の地位確立に邁進したという。

「文化女子大が加盟した当時の私大協は、現在の３分の１にも満たない１２５校ほどでした。その学長さんたちで行う会議はいつも、怒号のぶつけ合いでした」

大沼は、こうした私大協にあまりかかわらず、高等教育の別ルートの整備にいそしんでいた。その努力が、私立大学を増設させることにつながり、私大協加盟大学も４０７校にまで増えた。

その会長をいま、大沼が務める。これも不思議なめぐり合わせだろう。

▼まとめ役、そして文部省との架け橋に

ここで、その専修学校制度が誕生するまでの経緯を見ておく。

１９５８（昭和33）年、「ばらばらの各種学校をまとめて、全国団体を結成しよう」という話が持ち上がる。

間もなく、全各総連が結成されたが、とても一枚岩とはいかず、特定分野の勢力が強いうえに、「法人」と「個人」の設立形態の違うグループどうしの確執も払拭できなかった。

そこに大沼の力が必要になった。人事院にいて、学校制度を知悉している。その人物が各種学校の経営を担うようになったことが、文部省にはまさに「渡りに船」といえる。

大沼は東京都の私立各種学校協会の会長を経て、１９６４（昭和39）年には全各総連の理事長に推挙される。

さっそく人脈を活かし、高校校長会との会合での議論をスタートさせる。高校側にも「各

種学校もいろいろだが、学校制度としてよく分からない」との声があった。

大沼は法改正運動を始めることを決意し、全各総連の機関決定を経て、文部省に提案した。

戦前、いわゆる正規の学校は、各種学校という前段階を経て昇格するのが普通だった。６・３・３・４制という学制改革があった戦後も、各種学校の部分については戦前の考え方がそのまま残っていた。

しかし、社会構造の変化に伴い、高校や大学の教育では収まらない専門職が多数生まれる。正規の学校群にはない機能を各種学校が持たされるようになるのだが、それらが法的に整理されていなかったのである。

「そうした学校も学校教育法にしっかりと位置づけよう」

大沼らの運動の出発点はそこにあり、「専修学校」という新しい制度をつくるまでに10年以上の歳月を要している。

１９７６（昭和51）年、学校教育法の改正によって生まれた専修学校は、「職業もしくは実際生活に必要な能力を育成し、または教養の向上を図る」ことを目的とする学校とされた。

これにより、実践的な職業教育、専門的な技術教育をおこなう教育機関として、多岐にわたる分野でスペシャリストを育成することが求められた。

都道府県知事の認可による設置で、授業時間や教員の数、施設や設備にも一定の条件を満たすことが必要となった。

これにより従来の各種学校は、専修学校、各種学校、無認可学校という3つのカテゴリーに大別された。

専修学校にも、中学卒業者を対象とする「高等課程」、高校卒業者が対象の「専門課程」、学歴や年齢を問わずに受け入れる「一般課程」の3つの種類が設定され、それぞれの機能を分担するようになった。

▼「大沼理論」に永井文相もシャッポ脱ぐ

「法改正の運動で、いろいろな壁（障害）がありました。団体をまとめるのに時間が長くかかりましたが、時間がかかったことで専修学校制度の趣旨が浸透する効果があったと思います」

そしていよいよ1975（昭和50）年、国会での論戦となる。このときを待っていた全国の関係者の視線が集まるなかで、最後の「壁」が立ちはだかった。

「土壇場になり、岩間英太郎文部次官から私のところに電話が入りました。『どうも、文部大臣の永井道雄さんが賛成ではないようです』というのです」

実は、前年の暮れ、田中角栄内閣が金脈問題によって退陣を余儀なくされる政局混乱のなかで、文部大臣が相次いで交代するハプニングが生まれた。

それまで長年、法改正に向けたコンセンサスづくりに邁進していた大沼にとって、三木武夫新内閣で文相に就任した永井への説得が、またまた容易ならない仕事になった。

永井の反対理由は、「各種学校という自由な教育機関がどうして規制の対象になるような道を選ぶのか」ということにあった。そして、大学予備校が専修学校となることにも難色を示していた。

大沼は、「もう説得のしようがない」とこぼす岩間に、「私が大臣と直接、話をしたい」とかけ合い、永井との２時間の面談を実現した。

永井は８年後の１９８３（昭和58）年、「専門学校進学指導研究会」での講演で、このときのことを語っている。

「これから申しあげることとは、私の発想や理論ではありません。専修学校がなぜ大切かということで、私を説きふせたのは大沼淳氏でありますす」

冒頭、こう切り出した永井は、そのとき大沼が展開した話を「大沼理論」として、長々と説明する。

参加者たちも「講演は、永井による大沼理論の紹介のようだった」と述懐したほどである。その要点をかいつまんで列挙してみる。

たとえば、学者や官僚の多くが外国に出張する機会が増えたが、彼らはたいてい英会話が苦手で、出かける前に「四谷（東京）の日米会話学院に通う」という。なぜ東大や東工大といった一流大学で教える英語が実践に使えず、日米会話学院で英会話を学んで国際会議にでるようなことが起きているのか。

「専修学校ができる前にも、このような各種学校の活躍がなければ、わが国の今日までの企業ないし政府などの国際活動が持続したとは考えられません」

東工大の教授だった永井はここで、一本取られた。

確かに、日本の近代化は明治以来、小中高そして大学という東大を頂点にする正規の学校群の「規律正しく、基礎から教えていく」学校体系によっていることは間違いない。戦後の大学も、工学部が西欧の技術導入に力をつくし、経済学部や法学部が社会の進歩にふさわしいシステム構築を担った。旧来の学校体系が、日本を工業化社会へと導いていた。

しかし、高度経済成長とともに情報化が進み、さまざまな形の新しい産業が電波、活字を通して発展してくる。コンピューターによる情報処理という異次元のツールによって、それまで考えられなかったようなサービスが拡大する。

ファッション産業もそうした社会変化に伴い、発展する。

「ところが大沼理論によると、そのような状況変化に対応する新しい学校がなかった。それを各種学校が分担している、という。これを私は大臣になって間もなく大沼さんから聞いたのです」

こう振り返った永井は、次のような〝予言〟で講演を締めくくった。

「この大沼理論はそこで消えたわけではなく、１９７０年代後半になると、文部省の中央教育審議会（中教審）が生涯教育を検討する段階を迎えますが、その場で大沼さん自身が説明していますから、『大沼理論』は公式記録にも残っています。それは、今後の日本の教育を考えていくうえで欠くことのできない重要な１つの教育理論であります」

▼「高校と対等」の高等専修学校が誕生

永井の言葉通り、専修学校ができたことで大沼は満足していなかった。

専修学校がつくられたことで、高校を卒業した人たちの専門学校への進学率が急速に伸びていた。

政府は、大学や短大への入学者の定員数を抑制する施策に転じたことも大きく影響して、この時期の大学への入学者は増えずに、その分、専門学校が高卒者の受け皿になった。

高校進学率は加速度的に上昇し、間もなく90％を超えるに至った。

「中卒の子たちの10人に9人は上級学校へ進む時代になったのですが、しかし、そうしたなかには、高校での数学や物理、化学といった学科が嫌いな生徒もいます。早く技術を身につけて社会に出たいという子もいるわけですから、それらを差別してはいけない。高校生と対等に扱われるような制度変更をすべきではないか」

最も重要なのは、中卒者が入学する高等専修学校にも、大学への入学資格を与えることである。そうしないと、せっかくの高等専修学校も衰退してしまう。そう考えるようになった。

１９８４（昭和59）年、臨時教育審議会（臨教審）が総理府に設置され、首相の中曽根康弘の主導で、政府全体として長期的な観点から広く教育問題を議論することになった。

永井があげた中教審のときと同じように、臨教審でも大沼は専門委員に選ばれる。その会合で、３年制の高等専修学校の卒業生に大学入学資格を付与するよう要望し、これが実現するのである。

この審議のなかで、大沼が反対したのは「高等専修学校のカリキュラムを高校に近いものとし、高校と同じ単位をとらなければ卒業とは認めない」という考え方だった。

「英語や数学などを中心に勉強した者だけが上に進学でき、デザイナーや美容師、調理師などになるための教育を受けたものは前途を断たれる。その専門教育の部分を規制するなら、大学入学の資格もいりません、と突っぱねたのです」

文部省はこの主張を受け止めた。翌１９８５（昭和60）年、審議経過の概要が出ると、大学設置審議会にはかり、その秋に公示された。「異例ともいうべき、素早い対応に感謝しました」と振り返る。

「異例」の素早い対応、このときばかりは、そう感じたという。というのは大沼には、政府の審議会や懇談会には大きな不満があったからである。

▼国は「私学」の役割をどう見るのか

大沼の不満、それは、変わることのない「国立大学優位」の文部行政にある。

「学生定員などでも私立大には厳しい制約が続いています。学科１つつくるにも、申請して、大学設置審議会の専門委員会にかけ、教員の資格などについても審査します。大変に余計なことを、国立大の委員が自分たちの価値基準に合わせて、やっているのです」

大沼は私大協の会長に就任して間もない２０００（平成12）年7月、国公立大の独立行政法人化に関する調査検討会議のメンバーになったが、このときも私大からの委員は大沼と早稲田大総長、奥島孝康の２人だけだった。

「国立大の意向が圧倒的に強く、私立大学はダメだから、独立法人となっても国立大を私大と同じ立場に置くわけにはいかない、という考えを通していたのです」

21世紀を迎えようというのに、これからも旧来の思考がまかり通っていくのか、と暗澹たる思いだったという。

戦後の国立大優位は一貫している。その数は86校と増えておらず、定員数も大きく変わらない。そのため、専任教員１人あたりの学生数は国立が13人に対して、私大の平均は23人と対照をなしている。

「国立では、俗にいう競争原理を働かせず、私学とはいかに隔離するか。国の豊かな資金により、少数の学生を教育することを優先してきたのです」

その結果、国立大は良好な環境が温存され、高度経済成長とともに増えた進学者の大半を私立大が受け入れたのである。

いま地方の私立大学が苦境に立たされている。

これも、１９７０年代から首都圏や近畿圏、政令指定都市での大学の新設を規制し、大学の地方分散を図る政策と密接にからんでいる。

21世紀に入り、その弊害がようやく見直されるようになったものの、たとえば、田中角栄内閣の「日本列島改造論」といった国策がどこまで、高等教育の構造を考慮したものだったか検証する必要がある。教育よりも国土開発に重点が置かれていたのでは、との懸念が残る。

大沼は、「時代に即応した教育がまず私学から発信されるのが我が国の仕組みでした。国の役割はそうした多様な取り組みを認めることであり、それが不十分だったと考えるのです」と語気を強めた。

第2章　その「人脈」はどのようにできたか

①麻生太郎元首相からの「対談の指名」

▼互いに「社長」時代からのつき合い

大沼淳と元首相、麻生太郎との対談が、2017（平成29）年8月の経済誌『月刊公論』に掲載された。

「リレー」形式で、この回のホスト麻生が、対談相手として大沼を「指名」している。そんな親密なつき合いが2人の間にはあった。

麻生は、吉田茂を祖父に持つ政治家の家系で育ち、1979（昭和54）年から衆議院議員をつとめる。

2人が知り合うのは、麻生が政治家になる前、父親のあとを継いで麻生セメントの社長になったころである。

大沼も1963（昭和38）年、市川製作所の社長に就任しており、そこで出会いが生まれる。

偶然だが、この年、日本青年社長会（YPO）という組織ができた。米国のそれをモデルに、藤田組（現フジタ）社長だった藤田一暁（かずあき）が中心となり創設した。

「参加資格は、30代で社長になった人で、入会は45歳まで。50歳で退会となります。しかし間もなく、シニア世代の『日本社長会（ＮＰＯ）』というのもできてメンバーの交流は続きます。とにかく日本経済も上昇気流に乗っていたころで、血気盛んな人たちが大勢いました」

大沼は１９７１（昭和46）年から2年間、ＹＰＯ会長をつとめ、その後、ＮＰＯの会長にもなっている。大沼の経済界との豊富な人脈はこうして作られるのである。麻生も初めは、その仲間の１人だった。

麻生はやがて、日本青年会議所の会頭を経て、政治家の道に進むが、社長時代を次のように書いている。

「昔から特技は何かと問われれば、『ばあさん芸者にモテること』と答えることにしていた。育ちも選挙区も福岡の炭坑町、男臭い土地柄である。そこでセメント会社の社長という、これまたあまり色気のない仕事をしていた」（新潮新書『とてつもない日本』）

しかし、大沼によると、東京に出てくると帝国ホテルを定宿にしていて、行きつけのバーもそのホテルにあった。

酒の飲めない大沼は、バーでいっしょに飲んだ記憶はない。社長会の総会やパーティーの席で懇談することが多かったが、互いに通じ合うところが少なくなかった。

大沼は「辰」年の生まれ、麻生も一回り下、１９４０（昭和15）年生まれの辰である。

大沼には不思議と、辰年の人たちと深いつながりを持つケースが目立つ。麻生もそうである。

ものの本によると、辰年の性格は「プライドが高い、ささいなことでも人に負けることが大嫌い」「流行に敏感、お洒落に気を使う人も多い。ファッションなどは魅力的であり、個性的な人も多い」とある。

なるほど麻生は、漫画やアニメの世界にも通じており、愛読する漫画「ゴルゴ13」の主人公のようなビシッと決めた装いで若者にも人気がある。

一方の大沼だが、門外漢といわれた「ファッションの学校」を経営するようになるのも、これで見ると的外れではないように思える。常に上質なスーツを着こなす「お洒落」にも定評がある。

そして「プライド」の高さも、2人とも人後に落ちないだろう。似たもの同士のようであり、気が合うのも理解できる。麻生は文化学園の記念日や施設の開所式などにも出席している。

副総理兼財務大臣という要職にあるにもかかわらず、渋谷区代々木の文化学園に出向いて対談に臨んだ麻生は、「懐かしい」を連発していた。

▼「文科省の感覚」に「それは駄目です」

麻生はリレー対談で、ゲストの大沼を次のように紹介した。

「文化学園は日本のファッションを牽引してきた学校で、45万人近くの卒業生を輩出しています。大沼さんは、ファッションの大学をつくり、さらに大学院大学まで創設して、世界各国から大勢の留学生を受け入れています。時代を見すえた経営で、未開拓の分野を切り拓く。大沼さんの『すごいところ』です」

これに対して大沼は、「いいえ、私はただ、自分の運命に従って、その時々を生き抜いてきただけで、結果がよかったから、運がよかったのかなと思っています」と答えている。大沼はさらに、「私が役人になったときは、麻生大臣のご祖父様の吉田茂さんが総理でしたから、その印象がすごく強いのです。ステッキをついて絶対的なところがあって、世俗離れした風で、一種の神様みたいな存在でした」と続ける。

対談は、その吉田時代からの戦後の政治状況から、政治家のなかでも文教族といわれた人たちとの交わり、私立大学の果たした役割へと展開していく。

文化学園について大沼は、「残念ですが、建物が立派だというくらいで、低く見られていた」各種学校から今日の姿に引き上げるまでの歴史を、この人らしく淡々と語った。

しかし、私大協へと話が移ると、その舌鋒は鋭くなっていくのである。

まず、「ファッションの学校の理事長（大沼自身）が私大協の会長を20年やっていること自体が、今まではあり得なかったのです」と述べる。

一読すると自らの足跡を誇る言葉のようだが、実は、彼の考える高等教育の理想と現実とのギャップの「やり切れなさ」を述べたものなのだ。

それは、麻生との次のやり取りではっきりする。

「今、（政府の）経済財政諮問会議で、レストランやホテルの人材育成をする大学や大学院を認めてほしいという提案に対して、これがすごい抵抗に合っているんですよ」

「どうしてですか」と大沼は切り返す。

「文部科学省としてはきっと『レストラン従業員の大学？』っていう感覚です」と麻生が答える。

「それは駄目です」。決然と応じるのである。

大沼はかつて「大学進学者が1・5％ほどだった私たちの時代、卒業生はそれなりの社会的地位を得ました。50％近くに増えた現在では、そんな立場に立つ人はそれほど必要ないのです。一方で、洋裁店やスーパー、理髪屋、テレビや屋根が壊れたときに直してくれる人もいなければ、市民生活は営めません。そうした地域社会に必要な人材の場を築いていきたい」と語った。

「それは駄目です」の言葉には、専門の技能や職種の若者たちにも高等教育の門戸を広げ、必要に応じて「複線化」することで、時代の多様な要請に応える教育を進めてほしい、という思いが込められている。

長年、そうした考えで文部行政の改革を求めてきた立場から、麻生が見立てた「文科省の感覚」には同調できないのだ。

だから、麻生に「私大協会長として、これからの教育について」と聞かれると、次のように答えている。

「博士号を取ろうと何を取ろうと、学校を出ただけでは一人前にはなれません。卒業生をさまざまな産業界につなぐインキュベーション、いわゆる『橋渡し』が必要だと思っています」

「大学と業界が結びついて、産学連携をうまくやって、そこに官も入ってもらえればいいですね」

▼「産官学の連携」が今後を決める

それは、国の文部行政がいまだに「国立大を優遇し、私学に冷たい」状況を抜け出していないことへの「やり切れなさ」の表現である。

「産官学連携がきちっとしていかないと、日本は立ち直ることができないんじゃないかと思っています」

国の予算を預かる財務大臣へのこの直言は、相手が気心の知れた麻生であるから発せられたともいえるが、20年間務めた「私大協会長」としての世直しの訴えでもある。

「たとえば、アメリカのニューヨーク州立大学のＦＩＴ（ファッション工科大学）を見ると分かりますが、ニューヨークのセブンスアベニューというところに繊維会社、いわゆるアパレルメーカーがあって、それらが集まってつくっているんです」

大沼によると、この大学の資金は3分の1ずつを州政府と産業界がそれぞれ負担し、残りの3分の1が学生の個人負担である。これらに寄付も加わるが、米国では基本的に、この産官学の3分の1原則が貫かれている、という。

日本ではどうか。

「文化学園の場合、60年前に私が理事になった当時、産業界からの寄付金はゼロ、政府からの補助金もゼロでした。そうしたなかで、新宿駅に近いこれだけの土地に、これだけの施設をつくるのにどうしたのかと、ヨーロッパの国々から調査に来たほどです」

「どうして、こんな立派な施設ができたのか、と聞かれて、教職員の力で爪に火を灯すようにして、小さいところから少しずつ100年かかってここまできました、と言うと、『そんな馬鹿な』というのです」

「それはそうでしょうね」。さすがの麻生も、そう応えるしかない。

筆者には、「経常費や人件費の助成、授業料の補填、いずれも国立と私学ではうんと差がついています。国立というのは、国が全部費用を出して施設をつくる。私学は私人がお金を出してつくる。そのことはそれでいいのだけれども、その後の経常費にまで、なぜ大きな差があるのか。私学は、経常費のわずか10％ほどの補助と、90％の授業料によって運営されているのです。日本はなぜかそうなっている」と語っている。

それでも、なんとかやってこられたのは「日本という国は、全体的に保護者が教育熱心なので、学校にお金を出す」からにほかならない。幸いにも、私学はそうした日本人の心性によって支えられてきた。

麻生への訴えは続く。

「戦後の日本の教育は、国立大学が支えたのではなく、ベビーブームが押し寄せたとき、その後の第2次ベビーブームでも、学生を受け入れたのは私学です。国立大学は、戦後の創立から今日まで約10万人しか入れていません。財務省が日本の教育に使っているのは国内総生産（GDP）の約0・5％で、これは先進国で最低です」

「それでもなぜできたのか、すべて私立学校がその財産を提供しているからです」。そして、「国からの補助でやったところは安泰で、自力で努力したところは潰れるかもしれないという環境に直面する」。その矛盾解消を訴えるのだった。

▼多様性の実現で社会との「橋渡し」を

財務大臣を前にした対談は当然ながら、財政面での政府の不備を指摘するものとなったが、先にあげた高等教育の多様性に理解が届かない「文科省の感覚」への直言も、大沼は続けている。

それを理解することが大沼の大学観、高等教育観につながるので、その点を見ていこう。文化学園グループの有力校、文化服装学院は世界のファッションをリードするような卒業生を輩出している。日本のファッション界を担っているといってもいいが、それは学院が専門学校であることで達成できた面がある。

「大学にすると、あの教育はできなくなる」と大沼は言う。

大学にすると、体育や英語、数学といった学科も求められる。それではファッションの専門教育が不十分になる。国立大には「ファッションの学」はなく、「家政学」の教育しか認められていない。

永井文部大臣とのやり取りでも見たが、高度成長期にはサービス業の幅が広がり、21世紀に入り、必要とされる職業群はさらに厚みを増している。社会との「橋渡し」を考慮しながら、観光でも理容でも、ファッションでも、そうした分野に興味のある受験生を受け入れる学校を高等教育として認めることが大切なのである。

かつては文化服装学院のような学校も少なくなかった。しかし、教員養成やカリキュラムづくりなどに国は一切の支援をしないから、次々に姿を消している。

「だから、文化学園では、教員を独自に養成し、学生に目的を与えて勉強を手助けし、変わっていったわけです。ファッション工科専門課程とか、ファッション流通専門課程とか、ファッション工芸専門課程とか、そういうものを全部つくっていったのです。そのことが専門家の育成という実を結ぶのです」

「大学のまねだけは絶対するな」

これがスローガンのようになったのは、英語や数学といった知識だけが、高等教育ではないと思うからである。

「大学というと、『学の蘊奥（うんおう）を極める』といった19世紀以来の考え方が残っています。戦後の憲法26条には、国民はその人の能力に応じて教育を受ける権利を有すると書いてありますが、能力を全然認めてくれていない。絵がうまいとか、身体能力がすぐれているとか、社会的態度がいいとか、人づき合いがうまいとか、そういう大事な要素を全然認めないのです」

「学校ですから、ちゃんと校舎があって、土地があって、勉強できる体制と財政的な裏づけも必要です。しかし、教えることは学校ごとの建学の精神に任せて、それぞれが社会に訴える。それが社会に役立たなければ、誰も入りません。学部の名前がどうの、偉い先生がいない、そんな余計な心配をする必要はないのです。日本の高等教育の最大の欠点なのです」

いま、地方の大学が苦境に立たされている。経済の拡大期は終わり、少子高齢化の波のなかで、それぞれが生き残りを真剣に模索している。

明治期からの急速な近代化では、地方の優秀な人材を東京へ大阪へと集め、西洋の知識や技術を習得する教育が進められた。

大沼は、これからはその逆の流れ、「地域コミュニティにどう尽くしていくのかを考え、実践する大学を創造すること」が求められるという。

「大学はこれ以上、増やしても無駄です。いまある大学を活性化していかないと、難しい時代になります。日本も、大企業だけに頼る成長の時代は終わりました。これからは、コミュニティごとの産官学のきめ細かな連携が最も重要なのです」

現状を憂える痛切な思いである。

②ＧＨＱの懐に飛び込み、格闘の日々

▼占領下に失った「道」取り戻すまで

「もう、私学の地盤はつくりました」。麻生太郎との対談の終わりごろ、大沼はこんなことを口にしている。

戦後の高等教育のなかで、「私学」が果たしてきた役割を総括するかのような言葉である。教育制度はＧＨＱの過激ともいえる改革によって大転換を余儀なくされ、さまざまな綻びや亀裂が生じていた。

しわ寄せは、とくに高等教育で大きかった。その歪みをならし、新しいシステムがうまく根づくように、戦後教育に方向性とバランスとを取り戻す役割をしたのが「私学」であった。そう大沼は言いたい。

当時の国の事情は、理解できなくもない。6・3・3・4制というアメリカ流の新たな教育制度で、中学校までが義務教育となり、政府は全国に中学校の建設を急がねばならなかった。

「中等教育までの環境整備で、国は手一杯でしたからね」と大沼は言う。

一方の高等教育は、日本側との十分な「すり合わせ」や合意形成ができないまま実施に移されたと指摘される。

1949(昭和24)年3月の学制改革によって、国立69校、公立4校、私立21校の計94の大学が誕生する。

旧制の高等学校、旧帝国大学は廃止され、「国立大学は1府県1校」という号令によって、横並びの新制大学となった。

しかし大学に求められる教育の内容、ことに教養教育と専門教育のかね合い、学部と大学院との関係など、重要な問題が置き去りにされていた。

戦前には、大学と専門学校という機能の異なる2つの学校があり、充実した専門学校には大学に移行する道が開かれていた。

ところが戦後は、形式的な平等主義を目指すあまり、曲りなりにも存在した「複線の高等教育」を捨て去る結果となった。

これにはもちろん、アメリカ主導のGHQの考え方が影響している。だが「平等志向」という点では、日本側にも、とくに戦後は、それを求める空気が強くなっていた。

平等主義によって一本化された高等教育だが、そこに入りきれない学校がたくさんあった。それらは一括して「各種学校」という名前で呼ばれた。政府もこうした学校の法的位置づけまでは手が回らない。

その各種学校から「専修学校」というカテゴリーを腑分けし、戦後の高等教育に複線化の糸口を開いた。それが大沼の最大の功績と言っていい。

「私学の基盤はつくりました」とは、敗戦とアメリカの占領によって切断された高等教育の抜け落ちた穴を、「私学」が埋めもどすようにして立て直した、という大沼の痛切な思いなのである。

社会のニーズの多様化にも、ベビーブーム世代の受験生の急増にも、民間資金による「私学」が対応してきた。国立の定員はほとんど変化なく維持され、私立大学の数が必然的に急増した。

大沼は麻生に、「私学を使う教育が、財務省にとって最も安い手段です」と語り、一方で、「わずかな資金でできることを、わざわざ国立でやったら、膨大になります。国費の有効な使い方としては、私学に向ければ何でもできると言えるのではないかと思います」と語っている。

この婉曲な言いまわしには、「硬直した国立大よりも、改革意欲の高い私学に任せてもらえば、より少ないコストで高い成果を出します」という強烈な自負心が隠れている。

しかし、私学のその拡大も、日本の経済が右肩上がりで発展したからこそ可能だった。

「ステップごとに、事件がありました。石油ショックがあって一気に賃金が上昇し、地価も上がりました。インフレや、オリンピックなどさまざまなことが段階的にあって、それに便乗して私学は膨らんできました」

そうしたチャンスはもう、来ないのではないか。大きく膨らんだ私学は、人口減少のしわ寄せをもろに受ける冬の時代に入るのではないか。大沼が最も心配する点である。

▼アメリカの「仕事の流儀」に立ち向かう

すこし先を急いだが、ここで、戦後間もない時期に職員となった人事院での大沼の仕事ぶりを振り返ってみよう。

まず待ち受けていたのは、占領軍を率いていたアメリカという国の壁、日本とは異なる国柄とのギャップである。

1949（昭和24）年の国家公務員試験に合格した大沼ら人事院の第1期生は、さっそく日光（栃木県）の「大正天皇の田母沢御用邸」に集められ、研修を受けた。そこで公務員部長、フーバーの「内部から日本の官僚機構を改革してほしい」との訓示を受ける。そのことはすでに述べた。

研修は、英語版のアメリカの行政法学、人事管理学などのテキストを翻訳し、日本語のガリ版刷りのテキストをつくる作業から始まる。そのテキストによって討論を繰り返した。

しかし、大沼は次のように書いている。

「若いせいもあって、一層強く感じたのかもしれないが、アメリカの管理学はすべてが革新的で、合理的で、新鮮だった。そして単純にも、日本の行政改革は我々の手で行うことができると希望を持った。しかし、研修が終了し、霞が関に着任して、具体的革新をと10年の歳月を費やしたが、その実現には至らなかった」

「それは、人間関係についての欧米社会の基本理念と日本の基本理念との違いによるもので、アメリカの管理学は日本の官僚機構の管理には通用しなかったのだ。しかし、私にとっては、結局、日本的組織の特質を比較論として学ぶことができたわけで、その後の仕事に大きく寄与してくれた」

２００３（平成15）年の著書『風来花自笑』（文化出版局）のなかでの回顧である。

アメリカの占領政策の意図については、その後の研究によって明らかになった部分も少なくない。

たとえば、日本側との十分なコンセンサスもないまま、GHQはなぜ、新制大学の一元化を急いだのか。形式的な平等志向、というだけでは片づかない問題が潜んでいた。

そこには「とにかく、旧制高校と帝国大学という戦前の特権的な学校だけは早くなくしたかった」というアメリカ側の思惑が働いた。そこでのエリート教育が軍国主義の温床になった、とアメリカは見ていた。そう分析する教育学者も少なくない。

人事院は、新しくできた国家公務員法のもとで1948（昭和23）年に国の中央人事行政機関として設置された。

オフィスは霞が関の官庁街、現在の警視庁の隣にあった旧内務省ビルの1階と2階を占めた。内務省は解体され、ここには建設省や自治省、警察庁など新しくできた省庁も同居していた。

研修を終えて、この官庁街に入った大沼がまず目にしたのは、戦中の爆撃によって破壊された建物の数々だった。

「とくに、陸軍省、海軍省、外務省などのビルは、狙いを定めたかのように壊されていました。アメリカは霞が関のどこに何があるかまで調べたのでしょう。軍国主義を主導したとされる施設が標的になっていたのです」

大沼は、その光景を見ながら、アメリカによる占領政策も徹底したものになるだろうと予感していた。

しかし戦前の官吏制度が全面的に否定され、断絶したのかというと、戦後との連続性が指摘されることもある。ＧＨＱによる日本統治が「間接統治」の形をとり、その統治のために日本の官吏機構を使わざるを得なかったから、である。

▼21歳で、ＧＨＱ本部の担当官と交渉

皇居前の旧第一相互館（現在の第一生命）にあったＧＨＱ本部への出入りもそれほど制限されず、大沼も意見調整の必要から、しばしば訪れた。

あるとき、連合国軍最高司令官のダグラス・マッカーサーが、その玄関から出てくるところに遭遇した。

背が高く、堂々とした威圧感があった。驚いたのは彼が全く無防備だったことである。不思議といえばその通りだが、それだけ見事に日本全体の秩序が保たれていたのである。

最初の折衝相手はピーターソンという27歳の青年だった。大沼もこのとき21歳になったばかりだから、若さでは負けていない。

「彼との間では、公務員の年末年始の休暇を取り上げました。日本ではお正月をはさんだ休暇は当たり前、これを人事院規則にしようとしたのです。ところが、ピーターソンは『年末の忙しいときに、公務員が休むとは何事か。神道の国だから元日の休みだけは認めるが、あとは認められない』と譲らないのです」

「そこでいろいろ調べたら、１８７３（明治６）年の太政官布告第2号というのが出てきました。それには『自今の休暇、左の通り定めし候ことなり、12月29日より31日迄、１月１日より３日迄』とあります。それをピーターソンのところに持っていくと、『それなら結構です』とあっさりと認めたのです」

さらに彼は、次のように続けたという。

「日本は、軍隊は無条件降伏したが、政府がそうしたわけではない。条件つきの降伏、つまり国体は残すという条件を占領国は認めている。統治権は日本政府にあるのだから、国会を通して改めないかぎり、旧法も生きている」

大沼はこの交渉を通じて、日本がポツダム宣言を受諾する際、天皇制の存続をただ１つの条件としたこととの重要さをひしひしと感じた。

そして、アメリカの自由主義を体現するような寛容さにも触れる思いがした。大沼が接した占領軍の人たちは意外にも、おおむね穏健で、命令口調で指図されるようなことはなかった。

ただ、この青年との交流を通して早くも、両国の違いを痛烈に感じさせられることになる。

「彼がラッキーストライクという、セロハンでくるんだ赤い玉模様の高級たばこのパッケージを、ポケットからさっと取り出して吸う姿に思わず見入ってしまったのです。その格好の良さもさることながら、『こういうのを吸ってるんじゃや、日本が戦争に負けるのも無理はないか』と、思わされたのです」

ＧＨＱ本部のビルは、暖房用のスチームが新しく全館に設置され、寒い冬でもスタッフたちはワイシャツ姿で快適に働いている。

一方の人事院では、薪や石炭をくべるダルマストーブを囲んで、震えながらの仕事である。「これが文明の違いなのか」という思いがこみ上げる。まさに、いまでいう「異文化圏」の国との交渉の難しさをかみしめる日々だった。

▼アメリカ式管理、日本の組織に根づかず

人事院での最大の仕事は、戦後の教員の人事制度を再構築する作業だった。戦前の官僚機構をアメリカの管理学によって組み替えるのだが、これも両国の基本的な考え方の違いによって完全には徹底できなかった。

戦後の公務員は、GHQ改革によって「天皇の官吏」から「全体の奉仕者」へと転換することが求められた。

しかし先にも述べたように、戦前の官吏制度を全面的に否定することは、いたずらに混乱を招くばかり、と考えられた。

戦前には勅任官、奏任官、判任官という序列があり、高等官（勅任官および奏任官）と、それ以外の官吏との間には待遇面で厳然たる格差があった。

さらに、「雇」や傭人といった官吏の身分を持たない職員も多く存在した。

文官高等試験（高文）に合格すると、最初は判任官である属として任用され、2年後に奏任官である事務官に任官する。

各省の通則や勅令によって、次官には勅任官を充てるなど、どのポストにはどの官を充てるかが定められていた。

この勅任官、奏任官、判任官という身分制が廃止される。そのうえで、GHQは当初、新たな公務員制度としてアメリカ式の科学的人事管理制度である「職階制」の導入を迫ったのである。

1947（昭和22）年の国家公務員法に続いて、1950年に、職階制の目的や用語の定義などを盛り込んだ「国家公務員の職階制に関する法律」（いわゆる職階法）が成立した。

これによって人事院は「職階制を立案し、官職を職務の種類および複雑さと責任の度に応じて、分類整理しなければならない」とされた。

また「職階制においては、同一の内容の雇用条件を有する同一の職級に属する官職については、同一の資格要件を必要とするとともに、かつ、当該官職に就いている者に対しては、同一の幅の俸給が支給されるように、官職の分類整理がなされなければならない」と規定された。

しかし職階制はあまりにも精緻、複雑であり、スペシャリストを前提とするアメリカ型の公務員と異なり、ゼネラリストとして育成される日本型の公務員にはなじまない。その実現の見通しは全く立たなかった。

この職階制に代わる機能を果たしたのが給与制度なのである。

１９４８年に施行された15級の職務分類に基づく給与制度が、当分の間、職階制に代わるものとして導入され、定着していくことになる。

しかし、給与制度はその運用を学歴・資格、勤続年数で行おうとするものであって、職階制の原則とは異なる。

当時、教育界では60万人におよぶ日教組が組織され、その強大な力を誇示していた。日教組ばかりではない。うえは大学教授までの給与制度の企画・立案に追われるのである。

「いつの間にか、職階法そのものも、国家公務員法の職階制についての規定も廃止されるのです。私たちは、新しい給与制度の確立を目指して、日教組や文部省、国会という3者と連携しながら努力を重ねました。しかし、最終的には、戦前の縦の階級制度を横にしたような制度になっています。日本人の組織の考え方から、そうせざるを得なかったのです」

こうして、7年余の苦労を重ねた大沼は1957（昭和32）年、『教職員の給与制度詳説』（帝国地方行政学会）という著書にまとめる。彼にとっては、人事院での卒業論文のようなものだが、その書の「はじめに」には、新制度を練り上げた充実感とともに、一抹の心残りを記している。

「苦しい困難な仕事の連続でもあったが、多少なりともこの努力が先生方の為になり得ればと思うとき、給与行政の責の一端を負うものとしての喜びも深かった。また著名な某教授がその随筆に教授の給与が如何に低いものであるかを書かれたことを読んだときに、（中略）給与行政の一端を預かるものとしての責任を問われているように感じたり、日本教職員組合や日本高等学校教職員組合の組織の力の偉大さに感じ入ったり、給与問題をめぐってのデリケートな関係に再三悩まされたりしたことなどが思いだされる」

この書の完成をもって大沼は人事院を去るのだが、すでにこのときには、教育界ばかりか国会にまでその存在が知られるようになっていた。

③大物政治家との連携で難局を突破

▼「間接統治」で青年には活躍のチャンス

「人事院は、ＧＨＱが公務員改革をするためにつくった組織でした。日本の軍部の独走や、官僚の専横を招いたのは、戦前の官僚機構にその原因があったと考えた彼らは、職員たちに大幅な裁量権を与えて、中立で公平な人事制度を確立するよう求めたのです」

そう大沼は考えている。そして「これがうまく機能していれば、日本の社会はもっと良くなっていたのではないか、と今でも思っています」とも語る。しかし、アメリカ流の職階制の導入があっけなく挫折したように、簡単にできることではなかった。

大沼は文部省、ＧＨＱ、そして国会へと毎日のように足を運び、制度づくりに奔走していた。法案を仕上げる段階になると、国会の委員会などにも呼ばれるようになった。まだ、20歳そこそこの青年が、である。

「要するに、新しい法案を自分で練り上げるのですから、その『中身』を知っている。さらに、それを国会に提出する『権限』も与えられていたのです。そんなことは、分業が進んだ現在の官僚組織では考えられないのです。GHQがそれを許していたのです」

当時の事情を知る文部省OBは、そう述懐する。

大沼には、GHQの性格が「権力的でなかった権力者」に見えた。自分の行動の幅は大きく広がっていく。

「間接統治」による占領政策は、そこに改革を不徹底に終わらせる原因があったとする見方もある。だが同時に、日本の若い人たちにとっては各所に大きなチャンスをもたらしてもいた。

▼恩給法案で、運命の政治家と出会う

大沼が赤城宗徳を知るのは24歳のときだった。戦前から衆院議員を務める政治家で、大沼に、その後の人生の指針を授けることになる人物である。

2人が親しくなるのは、学校看護婦の恩給問題だった。いまは、養護教諭という子供たちの健康を維持する重要な役目を担っているが、長く不安定な身分を強いられていた。

「学校に長くいても、教諭ではないために恩給がもらえないのです。そんな医務室の看護婦さんが年老い、不安を抱えて退職していくのを見て、なんとか年金がもらえるようにしてやりたい」

そう考えた大沼は大蔵省や文部省に掛け合ったが、法律がない。そこで恩給法の改正を志して、赤城宗徳と坂田道太という2人の衆院議員に相談した。

「当時、赤城先生が初めて、文部政務次官になられた前後だったと思います。連日連夜、関係者との熱心な討議を重ねていただきました。私もその一員に加わって法案をつくり、必要な予算をはじいて先生方に提出しました。それがお2人の議員提出案として審議され、国会を通ったのです」

「本会議場には、大勢の学校看護婦さんたちが詰めかけて、涙を流して喜んでいました。いまでも私の眼に焼きついています。両先生とも少しも飾らない、威張らない、権力的でない政治家で、ことに赤城先生の人格が審議をスムーズに運ぶ要因になったと思います」

その後も、教育や給与の問題で関係が深まる。ことに赤城からは、人事院を退職して文化学園に移った際に、記念の書をもらった。

「風来花自笑」の5つの文字、「為大沼兄　宗徳」と署名されている。それを収めた和風の額は、縦45センチ、横1・8メートルと大きい。

「『風、来たりなば、花、自から笑う』と読めます。木枯らしや氷雪の冬も、それにじっと耐える自然の草木が春の訪れとともに花を開く、ということでしょう。私はどこに引っ越しても、自宅の和室に飾り、日に1度は見上げて黙読するのです」

赤城は、東京帝国大学法学部を卒業し、茨城県議を経て、1937（昭和12）年に茨城3区から、衆議院に初当選した。

通算で15回の当選を果たし、農林大臣を6期務めたほか、防衛庁長官、自民党政調会長を歴任した。また、地元茨城の武将、平将門の研究を手がけたことでも知られる。

大沼は赤城との交流を通じて、その人柄に心酔し、「知識や理屈や権力でないものに大きな力があることを教えられた」という。

「頂戴した書に私は『人生は順調なことばかりではなく、仕事もいつも好調とはいかない。苦境のときに、どう対処するかが大切なのだ』という教訓を読み取りました。不運を嘆き、策を巡らし、人を攻撃しても、打開の道は開けない。それよりも人間の持つ善意を信じ、時が至るのを待って、自らの誠意を積み重ね、じっと耐えることが必要ではないか。そう考えるようになったのです」

「その文言は誰のものか、いまだにわかりません。ですから赤城さん自身がつくったのではないかと思っています。とにかく、大臣になっても、少しも偉ぶらず、私のような下っ端の役人にも公平につき合っていただいたのです」

後年、ノブレス・オブリージュという「上に立つ者の自覚」の重要性を考えるようになるのは、赤城から贈られたこの言葉に原点があったといっても過言ではないようである。その点は第3章のリーダーの条件のところで、再度、論じてみたいが、まさに人生の1つの節目、30代に足を踏み入れるときに、人生の指針となる言葉に出会った。そのことが、その後の大沼の人生に大きな影響を与える。

『風来花自笑』は大沼の自著の名となり、先にあげた『ノブレス・オブリージュの「こころ」』でも、この言葉を核にすえて心構えが語られている。

▼「宰相のポストを断った男」、坂田道太

不思議なことだが、ここに登場した赤城宗徳、坂田道太、そして大沼の3人はいずれも辰年の生まれである。しかも顔を合わせたのは、大沼が恩給法改正を志す1952（昭和27）年、この年も辰年だった。

赤城は1904（明治37）年の生まれ、坂田が1916（大正5）年、そして大沼は1928（昭和3）年と、それぞれ一回り、12歳ずつ違う。

麻生太郎は大沼のさらに一回り下だが、どうしたことか大沼の周りには、こうした因縁めいたつながりが少なくない。

そこにも、「人との出会い、触れ合いの妙」を大切にし、人一倍強い「絆」を感じ取る大沼独自の世界観の素地があるように思える。

のちのことだが、坂田には、政界ではよく知られたエピソードがある。

内田健三の『戦後宰相論』（文藝春秋）によると、1988（昭和63）年、リクルート・スキャンダルによって竹下登内閣が退場したときに後継首班候補として名前が浮上した。竹下はひそかに坂田の意向を打診するも、坂田は応じなかった。その理由を同郷の政治記者だった内田に語っている。

「そりゃダメだ内田君。ボクは三権分立のなかでも国権の最高機関たる国会の議長をやった男だよ。二番手の首相をいまさらやれるかね」

このプライドこそ真の議会人の証しであり、「宰相のイスを断った男」の硬骨ぶりは政治史に名を残すことになろう、と内田は書いた。

決して権力を笠に着ない赤城と、政治家のプライドを身につけた坂田、そして大沼の3人は「辰が取り持つ縁」を大切にし、赤城の行きつけの銀座の天ぷら屋「茂竹」でしばしば会合を持った。

そこでは常に、戦後の高等教育をどう再構築するかが熱く語られた。

坂田は、1968（昭和43）年から第2次・第3次佐藤栄作内閣の文部大臣として「大学運営臨時措置法」を成立させ、ピークに達していた大学紛争を収拾した。

坂田は、旧制第五高等学校の教授で、後に衆議院議員となった坂田道男の長男として熊本県に生まれた。終戦翌年に衆議院議員に初当選し、文教部会長や文教制度調査会会長、衆議院文教委員長などを歴任し、「党内随一の文教ベテラン」と称された。

「教育が国の運命を決定する、という信念をお持ちで、大学紛争の収拾ばかりか日教組対策や幼児教育、障害児教育など一貫して教育問題に関与していた典型的な文教族でした。その反面、のちに三木武夫内閣では、思いもかけず任された防衛庁長官として戦後の防衛政策の大転換を成し遂げた、と評価されています。とにかく、仕事に手を抜かない人だったのです」

大沼にとっても、一目置く存在だった。

とくに私学に関しては、「国が関与も財政援助もしない」という従来の政策の考え方を改め、私学振興を積極的に推進すべきとの私学観を持ち、大臣就任の前から、人件費などの補助への道を開く意思を固めていた。

日本国憲法は、第89条によって「公の支配」に属さない慈善、教育、博愛事業への公金支出を禁止した。アメリカの意向が反映したこの条文が私学助成の関門となり、「公の支配」とは何か、国がどの程度の監督をすれば公金支出が可能になるのか、と盛んに論議されていた時期である。

結局、1975(昭和50)年、私学への公金支出を合憲とする「私学振興助成法」が制定され、文部省の見解も大幅に緩和される。

この法案は西岡武夫、藤波孝生という次世代の自民党文教族の議員提案によって成立の運びとなる。その下地づくりには、坂田の力が働いていた。

▼「国会議員になれ」と田中角栄の急襲

文部官僚や国会議員のほかにも、大蔵省ではまだ30代前半の主計官、相沢英之や鳩山威一郎らと、文教予算での丁々発止の折衝を重ねた。相沢も鳩山ものちに衆議院議員となり、長く交際が続く。

日教組の幹部との交渉は、ときに複雑なものとなった。大沼の提案した給与案について、組合内の対立が先鋭化した。こうした場合でも、大沼は関係者の意見を公平に、丹念に聞くことで打開策を見つけるよう努めた。

そうしたことを通して、日教組から国会に転じた岡三郎、大原亨、宮之原貞光といった有力議員の面識を得ることができた。

どの政党の議員でも、大沼はそのように得た知遇を決してほかのことのために利用することはしない、と誓っていた。

「それが信用を勝ち取ることにつながったと思います。私は、政治の世界には向いていないし、政治家になるような器でもないと、最初から考えていましたから、政治の世界の人たちも気兼ねなくつき合ってくれたものと考えています」

その大沼にも政界からの誘いがない訳ではなかった。

１９６４（昭和39）年、大沼は全各総連の理事長に就任している。そこに目をつけてのことだろう、あの田中角栄が突然、「国会議員になれ」と持ちかけてきた。

理事長に就任した年の11月、佐藤栄作が病気入院中の首相、池田勇人に後継指名を受け、首相になる。その直前、大沼は財界の大物たち20人ほどと赤坂（東京）の割烹「玉林荘」に呼ばれた。

「そのときです。偉い人たちばかりなので、私は部屋の末席に座っていると、遅れて入ってきた田中角栄に、『大沼さん、頼みがある』と言われた。池田内閣の蔵相だった田中さんとはそれまで面識もなく、驚いていると、『佐藤が首相になったら参院選挙に出すから』というのです」

「私は、『そんな器ではないし、頭を下げてお金をもらうことはできないのです』とはっきり断りました。田中さんは、中央工学校という各種学校の出身で、同窓会に推されて首相になるまで、そこの校長も務めておられました。それで、私の肩書に目をつけたのでしょうね」

それにしても、どうして大沼と分かったのか。

目白の田中邸に呼び出される関係になったあるとき、「なぜ、あそこにいたのが私と分かったのですか」と聞いた。

「お前、バカだな。あの部屋にいたのは一流の連中ばかりで、オレが顔を知らない一流でないのはお前だけだった。知らない顔の人間が大沼に違いないと声をかけたんだよ」。田中は涼しい顔で、そう答えた。

「これは、ただならぬ人」、大沼はただ感心するしかなかった。

こうして政界の大物、田中角栄とも交際が始まり、その関係を通して竹下登ら田中派の議員たちにも顔が売れる。

そして、ある程度は理解したつもりでいた政治の世界には、派閥間の対立や議員同士のいがみ合いといった抜き差しならない領域があることを知ることになった。

１９７６（昭和51）年、新しい学校として「専修学校」の制度を国会で審議したときも、大沼は議員同士の思わぬ光景を垣間見た。

全各総連には理事長のうえに会長がおり、専修学校法案を審議しているときの会長は参議院議員、迫水久常が務めていた。

迫水は戦前、岳父で首相だった岡田啓介の秘書官などをへて、終戦時の内閣の書記官長をつとめている。

このとき、すでに70歳を超える年齢に達していたが、迫水が全各総連の会長であることが理由で、法案が通らないという事態になっていた。

各種学校の関係者は、早く法案が成立することに期待していたが、「会長が政治家」という理由で利害、思惑が錯綜し、まとまらない。

議案の共同提案者である藤波孝生や西岡武夫、森喜朗らは「迫水に会長を辞めてもらえないか」と、大沼に持ちかけてきた。

「そういうことがあるのか、と思いました。政治家同士の妬みや対抗心がそこまで強いものなのかと、改めて知らされる思いでした。こうした法案の国会通過は全会一致を旨としていましたから、そのとき理事長だった私が迫水さんの代わりに会長に就任して、法案の成立を見たのです。迫水さんは、その翌年、1977（昭和52）年7月に74歳で亡くなっています。そのことも含めて、強烈な記憶として残っているのです」

大沼がその〝生みの親〟とされる専修学校制度の成立にも、そんな裏話があった。

④「官」「民」双方の視野を備えた強味

▼「いつの間にか、会長にされていた」

専修学校法の成立に向けた最終段階で、参議院議員の迫水久常の「会長」職を引き取ることになった大沼だが、こうしたことは彼の人生ではたびたび起きていたらしい。「いつの間にか、会長になっていた」「引き受けざるを得なくなった」。大沼は自ら、そう述懐している。

確かに、教育関係だけでも、彼が歴任した会長、理事長のポストは数えきれないほどである。どうして、そうなるのか。大沼の経歴を振り返り、その所以を考えてみよう。

第1に、人事院という役所で、戦後の新しい仕事を任された。だれもが未知の社会に不安を抱えているときに、大沼は20代の若さで、「いったん崩壊した組織が再編されるさま」を内部から目撃するとともに、その作業の一端を自ら担う。文部省OBの言葉として紹介したように、新しい社会システムの「中身」をいち早く知り、同時に、それを実現する「権力」までを手にしていた。

第2に、彼はその実績を買われて、文化学園という「民」の世界に飛び込む。そこでは、国の文教政策を知悉していたことが有利に働き、学園の経営を軌道にのせる。それればかりか、その手腕が注目されて、市川製作所という会社の社長に招かれる。

そして民間企業の経営者としても成功を収め、「官」のうえに「民」の世界にも視界を広げていく。

官民とも人材が払底していたこの時期に、30代の前半という若さで、これほどの立ち位置を確立した人物は稀有な存在だった。

だから、国会議員も官僚たちも、大沼を頼りにする。

人事院のときすでに国会にも顔が売れていたが、「民」でも実績を重ねることで、政治家たちにも一目置かれる存在になる。

官僚たちにとっては、政策を実現させるために欠くことのできないキーパーソンということができる。

専修学校法では、70歳を超えた旧世代の官僚、政治家であった迫水久常に代わり、大沼が会長を引き受けたことで収拾をみる。

文部省にとって、これほど「頼りになる人物」はいない。「大沼に頼めば、大丈夫」という空気が生まれる。

大沼は、私大協の会長職を長く続けたあとでも、「誰にでもできたでしょう。私学の成長期だったから……」と淡々と語る。

しかし、これは恐ろしい言葉である。上記のような実績を踏んでみなければ、とても口にはできないと分かるからだ。

さらに、敗戦によって国が破綻する瞬間を目撃し、その修羅場をくぐり抜けるという重い経験がある。その際、GHQの占領下、その指揮のもとで働き、手探りのなかで、自力で未知の世界を切り開いてくる。

一般の人たちが簡単には見られない世界をのぞいて、日本の戦後社会を俯瞰できる能力を身につけたとでもいえばいいのだろうか。

「会長は誰にでもできたでしょう」。まさに、そうした大沼だからこそ言える「恐ろしい言葉」なのである。

▼ソニー盛田の「自由社会研究会」にも

しかし、そうした実績や経験だけが、大沼の実力とみるのは早計である。そこに大沼その人の人間的な魅力を加えるエピソードが重なる。

ソニーの盛田昭夫とのつき合いは、その好例である。

盛田は、ソニーの社長を退き、会長に就任して間もない1977（昭和52）年、「自由社会研究会（自由研）」を立ち上げ、理事長に就任する。

妻の盛田良子の回想記によると、この会は次のように生まれた。

「当時の自民党の結束を願って政界、財界、文化人の次の世代のリーダーとなる人たちが、派閥を超えて世界の日本を考える為の真面目な集まりであった」

「派閥を超え、各省を超え、学閥を超え、企業を結び世界に対して日本の国力を結集して事に当る、それが昭夫がかねがね理想としていたことであることを私は知っていた」

この時期は、いわゆる革新勢力が地方政治に深く浸透し、東京では、知事の美濃部亮吉による革新都政の3期目に当たった。

「このままでは、国政にも社会党政権が生まれかねない」。そんな危機感を盛田は持っていた、と大沼は言う。

良子には、「自分でなければできないこと、それをやり遂げる為にこれからの人生をかけるのだ。それには君にも家族にも迷惑を懸けることになるだろうが、協力をしてほしい」と言ったという。

社長職を離れた盛田の思いが込められた組織だった。

大沼は、この会に設立当初から呼ばれた。この時期、すでに2人は「気心の合う、親密な仲」になっていた。

その経緯を書く前に、この研究会のメンバーをみると、竹下登、海部俊樹、羽田孜、宮澤喜一、橋本龍太郎、小渕恵三、森喜朗ら新進政治家が名を連ねる。そして、竹下を先頭に彼らが次々と首相の座につく。

「昭夫は、スターティングメンバーの安倍晋太郎さん、中川一郎さんにも総理になってほしいと考えていたが、不幸にして総理の座に座られることなく世を去られたことを心から残念に思っていた」と良子は回想する。

研究会は毎月1回、朝食会の形で開かれた。各界の有力者が、忙しい時間をさいて集まり、日本の国益について話し合う。その場の議論はレポートとして、時の内閣や財界の長にも伝えられた、という。

良子によると、「報道関係には流さないという暗黙の約束がなされていた」という。

「時には、昭夫と親交のある世界の要人の来日に合わせて開かれ、メンバーはこの特別ゲストから他国の新しい情報を聞き出し話し合ったと聞いている。そのなかの1人が、ヘンリー・キッシンジャー（アメリカの元国務長官）だった」

「あるとき、昭夫が『ヘンリーは、昭夫の会にお礼は要らないよ。他社がたっぷり払ってくれるからね。それより何時でも呼んでくれ。この会に参加するのは楽しみだと言っていた』と笑って話していた」

盛田昭夫は1921（大正10）年生まれ、大沼よりは6歳年長だが、この研究会を通して、国内の主要な政治家はもちろん、「世界の盛田」が獲得した国際的な人脈にも触れることになった。

▼盛田、大沼流「二足のわらじ」に関心

さて、その盛田昭夫との出会いにもまた、偶然が重なる。

まずソニーである。

盛田昭夫は、井深大とともに敗戦直後、東京・日本橋の白木屋3階に東京通信工業という会社を立ち上げ、日本の戦後復興を上回るスピードで「世界のソニー」へと駆け上がっていた。

1960（昭和35）年11月、神奈川県の厚木に新たな工場を完成させた。そのときの社長、井深の落成式でのあいさつの言葉が残っている。

「ソニーは、トランジスタで種々の製品をつくっていますが、日本は輸出によりその隆盛を図らねばならず、そのためには世界を相手に、安く、そして優秀な製品をどんどんつくらなくてはなりません。厚木工場はその布石です。地元各位のご協力により、この考えを実現させてください」

これに対し、厚木市長は「これまで厚木は米軍のジェット機で有名であったが、これからはソニーで有名にしたい」と応えていた。

そして、その「偶然」である。

大沼が取締役となっていた市川製作所も、ソニーの2年後の1962（昭和37）年に厚木の隣、伊勢原市に新工場を建設する。

翌年、社長に就任した大沼は、ソニー副社長として厚木工場にたびたび訪れていた盛田と、地元事業者の会合などで知り合うことになった。

これも運命的な出会いといわなければならない。

「当時、盛田さんは40代半ばでしたが、ざっくばらんで、とても気が合いました。とくに私が、洋裁学校との『二足のわらじ』で仕事をしていることに興味をひかれたようでした。彼も、教育には関心があり、学校をつくることを考えてもいたのです」

こうして親密度を増し、盛田の「自由研」の会合にも誘われる。この会から竹下登をはじめ、歴代の首相が誕生していくのだから、大沼にとって、このうえない財産ということができる。

2人の関係は盛田が78歳で亡くなるまで続く。晩年、病に倒れた盛田は自宅療養を余儀なくされた。

「そうなっても、奥さんから『主人が大沼さんに会いたがっているので、来てくれませんか』という電話がありました。青葉台（東京）の家にうかがうと、車イスの盛田さんは非常に喜んでくれました」

そして大沼は、「私は盛田さんを親友のつもりで、つき合っていましたが、彼も私には裏表なく、何でも見せてくれました。文化学園の行事にも必ず、ときには1人で電車で来てくれたこともあります」と加えた。

「安心感」。大沼とつき合い、親密な関係を結ぶようになった人たちからよく聞かれる言葉である。

独特の応対術とでもいうのだろうか。いつの間にか、多くの人たちが彼を取り囲んでいる。そんな光景が想像できる。

大沼は、盛田の妻の良子とも良好な関係だった。

1979（昭和54）年、雑誌『味の手帖』で良子と大沼が対談している。「抜擢されてファッション王国」のタイトルで、大沼の生い立ちや文化学園をめぐるさまざまな話題に花を咲かせた。

良子はこう語っている。

「大沼さんのすばらしい才能というのか、大変よくおできになって、人間関係をお扱いになるのがとてもお上手で、学校でいろんな問題があったときに……当時の遠藤さん（理事長）が、ほかに大勢先生がいらっしゃり、服装に関してはエキスパートが大勢いらっしゃるにもかかわらず、全くの素人でいらっしゃる大沼さんを引っ張られた、というお話を伺ったことがございます」

おそらく盛田の家では、こんな話題も交わされていたのだろう。

良子は書店「三省堂」の4女で、盛田の妻となり、のちにソニー内では「ミセス」の通り名で呼ばれていた。

「いろんな人とつき合ったが、（その人たちの）奥さんにも信用ができちゃう」と、大沼は茶目っ気たっぷりに笑った。

▼「安心感」がグループ内の求心力に

若い社長たちの集うＹＰＯでも、大沼のキャラクターが光っていた。麻生太郎が政治家になる前に、この会を通して大沼と接するようになったことはすでに書いた。

１９６３（昭和38）年、「30代で社長になった若手経営者を集めて、互いに高め合おう」と結成された。そしてここでも、大沼は会の創設から8年後には「会長」に推されている。

「記憶では、たしか6代目で2年務めています。50歳まで在籍できる会で、35歳で会員になった私より年上のメンバーは多くいたのに、『次の会長を誰にするか』と話し合っているうちに、いつの間にか指名される。そんな決まり方でした」

「大沼に任せれば、安心だ」という空気ができていたらしい。そして、海軍兵学校の76期OB会の会長を選ぶときにも、同じような空気を感じていた、と大沼は回想する。

「海兵の同期は3000人ですからね。その大所帯をまとめるというのはけっこう大仕事でしたが、そこでも会長を30年も任されることになったのです」

YPOにはワコール社長の塚本幸一やサントリーの佐治敬三のような戦後の上昇気流に乗った会社を率いる会員も少なくなかった。

塚本は1919（大正8）年生まれ、27歳で戦地から復員した。徒手空拳の身で、アクセサリーの仲介を手始めに商売を始め、女性の洋装下着の分野に進出し、「世界のワコール」を目指していた。

佐治は塚本より1つ年下で、サントリーの前身の寿屋に入社し、ウイスキー事業に本格的に乗り出していた。

のちに「やってみなはれ」の関西弁で、社員たちの挑戦心をあおり、サントリーを世界的メーカーに成長させた「中興の祖」である。

佐治は日経新聞の「私の履歴書」で、1つのエピソードを語っている。

「昭和55年（1980）年当時であった。関西財界セミナーで日本経済団体連合会（経団連）会長、稲山嘉寛氏の説かれる『鉄は国家なり』にかみついて、『鉄が国家なら、わが社のようなウォータービジネスも、ワコールの如きエアービジネス（デザインで勝負しているとの意）も国家なり』と発言し、物議をかもしたことがある。隣席の佐伯勇さんが『オイ佐治君、ウォータービジネスとか言うとったが、何のことや』。私答えて曰く『水商売ですがな』。懐かしい思い出である」

大沼は、先輩格のこの2人には「とくに、可愛がられた」という。

ほかにもYPO活動を通して、それぞれ分野の異なる多くの経営者と親しくなった。

そのメンバーと、アメリカの企業を回る研修旅行に出かけ、雇用形態や会社経営の理念など日本との違いを学び、人事院でのGHQとの交渉の際に感じていた「日本独自の組織文化のあり方」を再点検する。

国内の敏腕経営者らと海外に出ることは、国際的な視野を広げる絶好の機会となった。

「ただ、そうしたなかにも、派閥のようなものがありました。私はどこにも属さない主義でしたから、仲間から煙たがられるワンマンが私に近づいてきて、ほかのグループとの接点をつくってやるようなことが多かったのです。え、当時のワンマンは誰かって……。それは言わないでおきましょう」

しかしそうした経営者たちが、大沼の両親が亡くなったときには、長野県での葬儀に駆けつけてくれ、花火大会の開催を支援してくれる。

「人間関係をお扱いになるのがとてもお上手」。盛田良子はそう表現していたが、確かに、大沼の「人の輪づくり」の妙である。

第3章　日本の〝ノブレス・オブリージュ〟、リーダーの条件

①人間関係をつくる「達人」の秘密

▼「ゼネラリスト社会」に大きな変化

「人間関係のお扱いがお上手」(盛田良子)。なるほど、そこにこそ大沼淳、その人の人間性が凝縮されている、と思う。

常に、周囲の人たちとの良好な関係のあり方を考えている。学園の理事長としても、企業経営者としても、である。それがリーダーシップをとるための条件でもある、という。

最近の言葉でいえば、「コミュニケーション能力」と言いかえることもできるだろう。大学や企業で盛んに使われるようになった。

「学生にはコミュニケーション能力をつけてやりたい。しかも、一国では解決できない、グローバルな課題が山積しているいま、そうした難問に挑戦するためには、とくに異文化圏とのコミュニケーション力も重要になった」

こうした意見が、大学のトップからよく聞かれる。

では、大沼はどのような経験を通して、自らの「人間関係を考える素地」を築いたのか。この章では、そのことを考えてみたい。

そのうえで、大沼流のコミュニケーションが、いまの日本の若者にとって、どのような意味を持つかを少しでも説明できれば幸いだ。

そのコミュニケーション能力、経団連の調査によると、企業が大学の新卒者を採用する際に最も重視する要素として、この15年ほど、ずっと首位を独走している。近年は、約９割の企業がそう答えている。

これには、大学を取り巻く環境変化が影響している。

１９８０年代後半に25％ほどだった大学進学率は、２００９（平成21）年に50％を超える。しかし、18歳人口の急速な減少によって「選り好みしなければ、どこかの大学に入れる」全入時代を迎える。

並行するように、右肩上がりで進んでいた日本経済の成長が鈍化し、偏差値の高い大学の出身者でも「職場でものになるか、活躍できるかどうか」に、ばらつきが大きいことも浮き彫りになった。

20、30年前までは「学歴」が重要な指標だったが、そこには「偏差値が高い大学の出身者は仕事でも戦力になる」という前提があった。

入社後のキャリアを歩むなかで、能力を発揮することが期待できる。経営者が正しく判断し、社員がそれについていけば成長できる、という経験則である。

その原則が崩れ、企業が新たな指標を模索するなかで浮上したのが「コミュニケーション能力」だろう。

しかし、この判断基準は、学歴ほど鮮明ではない。どんな人材を求めるか、企業が言語化して説明することが難しい指標を掲げざるを得なくなった。このことこそ、現在の日本社会の特徴だろう。

少子化も加速し、選ばれる側にまわった大学側は「就職率」を追い求め、自分のところの学生を採用してもらうには、企業側の第一指標である「コミュニケーション能力」を教育内容のトップに掲げざるを得なくなった。そういう教育環境が生まれた。

コミュニケーション力の他でも企業が重視するのは、主体性やチャレンジ精神、協調性、誠実性と、いずれも「あいまいだが、誰しも、分かったような気になる」点で共通している。

この傾向は、日本に特異な現象でもある。海外の多くの国では、特別な技能や資格、具体的な実務経験などが重視される。日本では、必要なスキルを身につけるということを大学も企業もそれほど重視してこなかった。

大沼は、終戦直後の人事院にいて、「スペシャリスト社会のアメリカ、ゼネラリストを志向する日本」の違いを痛感していた。

その伝統はいまも変わらず、しかし、一方で、ゼネラリストでは対応できない職場環境が拡大している。企業も大学も、そのギャップの前に立ち尽くしているように見える。

▼「心」の触れ合い、人間関係の基本

大沼は、日本のこの「ゼネラリスト社会」を生き抜き、同時にファッションという特殊技能（スキル）を必要とする「スペシャリストの大学」を軌道に乗せた。その点でも特筆されなければならない。

しかし海外に学ぶことはあっても、決して、海外の人たちの真似をしようとは考えなかった。あくまで日本人であることにこだわり、日本の文化・伝統を守り通すことで、世界に出て行った。

「江戸時代から続く日本の服飾は、世界でもトップクラス、日本人のファッションのセンスは国際的にも群を抜いている」

この信念で、文化服装学院を世界の頂点へと押し上げる。いま、その学院のOBデザイナーたちのファッションを、世界中の若者が身につけるようになっている。

日本の独自性を徹底させることで、グローバルな普遍性に達するという模範的な例を示した。

「日本を深く知り、その伝統や文化を外国人にも説明できるようでなければ、グローバルな人材にはなれない」。最近の大学では、学生たちの心構えとしてよく語られるフレーズだ。

大沼は、それを先取りした。その点を考えてみることが、やはり重要なのだろう。

「総合判断力」という。大沼がよく使うこのキーワードにしても、外国から学んだものではなく、海軍兵学校や高等農事講習所など戦中からの教育のなかから学び取っている。そのことは後に見ることになるが、ここでは、大沼が強調する日本社会に独特の「共同体意識」について触れておこう。

山本七平という昭和の評論家がいる。『日本人とユダヤ人』（角川書店）というベストセラーの筆者ともされる。『私の中の日本軍』（文藝春秋）『「空気」の研究』（同）などの著書で日本人の宗教観や、物の考え方を探求した。

大沼とはたいへんに親しく、よく文化学園を訪ね、食事を共にした。「私の尊敬する思想家の1人」と大沼は言う。

「山本さんは、日本人の人間集団の根本原理は、江戸時代から牢固として変わっていない、と言っておられた。欧米人や中国人との一番の違いは、私もそうですが、特定の宗教を持っていないことです。日本人は、自分を中心にして神様をいいように組み合わせる、というのです」

どういうことなのか。

「キリスト教には懺悔があり、『私は浮気をしました』と神の前で許しを請うことで解放される。それは神様との契約が根底にあり、約束を破ったことをあがない、罪の許しを得るからです。日本の神様は、なにも現世的なご利益を与えてくれませんから、懺悔の習慣もありません。何を頼りにしてきたかというと、人と人との間の『話し合い』なのです」

これが大沼の考える日本社会、共同体の基本である。

そして「人間」には「心」がある、ということに帰着する。人間関係によって左右される日本の社会風土では、人と人との心の触れ合いを大切にすることが極めて重要になる。すでに紹介した著書『ノブレス・オブリージュの「こころ」』のタイトルに「こころ」を掲げ、日本の伝統的な精神文化のなかで育まれた「惻隠の情」を日本のあるべきリーダーの資格と位置づけたのは、そこに理由がある。

▼日本の共同体の伝統の美徳を失うな！

その著書のなかで、大沼は次のように書いた。

「私はどこに行っても、いつもそこの『長』に選ばれてしまう。大学は出ていないはずなのに、日本私立大学協会の会長はさせられるし、海軍兵学校の同期会でも30年間も会長をやらされた。それはどうやら私が、そういうことを他で自慢せず、またそれを何かに利用しないからだと聞いたことがある」

そして、自分のそうした「心の持ちよう」が周囲の人に、例の「大沼に任せておけば安心」という気持ちを起こさせる、と自己分析する。

大沼は、自らの生き方の指針を教えられた人物として、江戸時代に、大沼の生まれ故郷に近い旧松代藩で財政再建に尽くした恩田木工を上げている。

松代藩は、北信濃の千曲川と犀川の間に挟まれた小藩である。江戸の中期以降、水害に苦しめられて、財政は極端にひっ迫していた。足軽の勤務サボタージュ、領内に農民一揆も拡大して、藩政は混乱を極めていた。

このとき恩田木工は、藩主に財政再建の大役をゆだねられ、領民の政治に対する信頼の回復が第一と考えて、対話による政治を実践する。

嘘をつかないことを信条として、財政再建を進めた結果、領民たちの信頼を次第に回復し、46歳の若さで惜しまれながら亡くなるまでに、改革を軌道にのせた、という。

大沼によると、恩田は藩の再興の仕事を頼まれたときに、固く固辞した。「私にはそんな能力はありません」と。しかし「どう考えても、あなたしかいない」と言われて渋々、承諾をする。

「結局、それが非常に大事なことだと思います。みんなから、何とかピンチを救ってくれと言われる。そのときには日本のような社会では、すでに全体の意思統一ができているとみるべきなのです。なりたくてなるのではない。しかし、この人なら、引き受ければ、一生懸命にやるに違いない」

そうしたコンセンサス社会であることが日本の特徴、と大沼は見る。

これは会社でも同じで、組織内で意思統一ができずに、内紛のようになっては厳しいが、そうでなければ立ち直っていける。

「組織をつくり上げさえすれば、それでうまく動くかというと、日本では決して、そうではない。底辺に、共同体意識がきちんと成り立っていないと、せっかくの組織も機能を発揮できないのです」

これが大沼の考えてきた日本の組織というものである。

「そういう人間集団ですから、人事でも能力主義が行き過ぎると、かえって動きがギクシャクします。最近は、年功序列のような日本型経営を批判するばかりで、その底辺に流れていたものをよく考えないから、混乱が起きるのです」

いつからか、日本では伝統的な共同体の崩壊が指摘されるようになった。それは進歩ではなく、悲しむべきことなのではないか。

すべてを経済原理、ギブ・アンド・テイクで考えるようになる。教育が悪いのだろうか。他人の子には冷たいが、自分の子供は叱ることもできない、といった親が増えている。能力のある人は、できない人をカバーしてやるというのが日本的な生き方だったはずだが……。

最近は、日本社会の変質に気をもむことが多くなった、という。

▼「恭倹己を持す」、人生の心棒の言葉

大沼は、座右の銘を問われると、「恭倹（きょうけん）己を持す」という言葉をあげる。

「小学生のときに、校長先生から『教育勅語』をよく聞かされていました。でも、そのなかにある『恭倹己を持す』の意味が分からなかったのです。そこで兄貴の辞書を開いてみると、『恭』とは、人に対してうやうやしくすること、『倹』とは、己に対して慎ましやかにすること、とありました」

そして、いつからかこの言葉を「自分の心棒」にして、人生を生きていこうと決めた、という。

大沼は「私の人生は行き当たりばったりだが、何かしなければならないと思ったときは、一生懸命にそれをやり、また、これはやらない方がいいな、と感じたことはやりませんで

した。ただ、それだけなのです。いつも、目の前にあって、やらなければならないことに全力を尽くすことで、道が開けてきたのです」と語っている。

これは山本七平が言っていた「江戸時代から変わらない日本人の生きるための流儀」そのものではないか。

日本人はよく、「お天道様が見ているから、恥ずかしいことはしない」と言う。宗教ではないが、自分の行いは慎みを大切にし、周囲の人たちにはうやうやしく、気を配って生きる、共同体のあり方を説いたものだろう。

戦争をはさんで生きた年代の人たちには、この「教育勅語」の教えが生きる指針となっていた。

大沼はいまでも、教育勅語の全文を暗記している。「勅語の影響が私には決定的に大きかった」と言う。

戦後、教育勅語は一方的に、国民を戦争への道にかりたてたものとして断罪されてしまう。そのことで、日本人が大切にしていた美徳までが失われ、共同体として生きるための指針（道徳）を見失ったのではないか。

「教育勅語についても、ただ、敗戦後の意識がそれを嫌うようになっただけです」

日本人が大切にしていたこととは、親孝行や友愛、夫婦の和であり、謙遜や博愛、義勇といった言葉に代表される心の在り様であり、いずれも、教育勅語に示された道徳の心構え（徳目）だった。

それらがことごとく否定されることで、戦後の日本人には「道徳」という言葉を口にすることすら、はばかられるような空気が広がった。子供たちに、忍耐や我慢を説くこともなくなっている。

「風来花自笑」。改めて、人生の大先輩、赤城宗徳にもらった言葉が思い出される。「木枯らしが吹き、氷雪にさいなまれ、厳冬に凍りついても、じっと耐える自然の草木こそが、春の訪れとともに花を開かせる」

そんな教訓に現代の若者たちは、どう反応するだろうか。家庭でも、学校教育でも、こうした徳目を教えられなかった彼らの考え方が気がかりなのだ。

「人生、順調なことばかりではありません。仕事も同じです。その苦境のときこそ、どう考えるか、どう対処するかが重要なのです。せっかく見つけた職場を簡単に捨ててしまうのではなく、じっと耐えることも学んでほしいのです」

大沼は若いときから、「親には絶対に迷惑をかけない」という思いで生きていた。ところがいまの子供たちは、父親のいうことは聞かず、母親はといえば、子供にかかりっきりで、「蝶よ、花よ」と育ててしまう。

信州にいたころの私たちとは考え方が全く違う、と嘆くのだ。

「戦争を経験した人たちは、自分が苦労しているから、子供には苦労させたくないとの思いがどうしても出てしまうのだろうね。時代の犠牲者といってもいいけれども、そのことで、どの親も他人の子の教育はできても、わが子の教育はできないという悲劇が生まれてしまったのです。しかし、そういう思いが今の日本を悪くしたのではないか、そんな感じがしてならないのです」

大沼は、そうつぶやいた。

②先の戦争への「こだわり」がかりたてる

▼「敗戦コンプレックス」からの脱却を

人には「こだわり」というものがある。こだわりの色や味などや、こだわりの衣服や装飾品といったものの場合もあるだろう。

大沼はこだわりを持たない方だと自認していたが、青春時代にぶつかった戦争については今でも「こだわり」続けている。

海軍兵学校でいっしょに過ごした先輩たちの多くが、海に空に消えていった。家族のなかからも兄が、姉の夫が、従兄が、その若い命をガダルカナル島や硫黄島で失い、写真しか残っていない。

「命を落とした青年たちは、たとえ自分の志に反しても、時運のおもむくところと諦め、散っていったのです。国を思い、純粋に正義の戦争と信じていた彼らの死を、無駄にすることはできないでしょう」

彼らの死はいったい何だったのだろうか。そこに「こだわる」。

「たとえ散華することがあっても、靖国神社に魂が帰り、永久に手厚く国家が葬ってくれると信じて死んでいったのに、閣僚らの参拝すら、いまだに私人か公人かと騒ぎ立てる。当時の青年たちを騙したことになるのではないかと思い、生き残った者として申し訳ない気持ちでいっぱいになるのです」

靖国を参拝することが軍国主義につながるといった考えは、もう終わってもいいのではないか。そう考える。

「中国、韓国、アメリカやベトナムでも、旅をするたびに考えてしまいます。そうした国々では、国のために殉じた人々は手厚く葬られ、私たちも公式に花輪を捧げて、敬意を表することを求められます。日本をみると、国のために殉じても、何か無駄なことをしたとしか思えないようなむなしさがあるのです」

戦争を体験した者だからこそ、その思いがつのる。戦争の悲惨さや残虐さを一番よく知っている。だから「２度と戦争をしてはならない」と考える点でも他の世代より悲痛なものがある。

「しかし、少なくとも、私たち当時の青少年は、純粋に正義の戦争と信じていました。父母や弟妹を守るための自衛の戦争とも考えていたのです。だからこそ、死をもいとわなかったのに、それが間違いであると、一言のもとに切り捨てられ、評価されないのでは、全く浮かばれません」

歴史的な評価はさらに時間がかかるかもしれない。しかし、「敗戦コンプレックスからのいい意味での脱却」は急がなければならない、と考えるのだ。

▼戦後50年、ハワイで「記念文集」を企画

日本社長会（ＮＰＯ）が発行した『戦後50年記念文集　太平洋戦争終結─その時私たちは』という本がある。

50歳までの青年社長の研修・親睦の会としてＹＰＯがあり、そのＯＢたちが組織するのがＮＰＯであることはすでに書いた。

1994（平成6）年、この2つの会が初めて合同での夏季セミナーをハワイのカウアイ島で開いた。NPO側が「YPO諸君の若いエネルギーに時代が変わっていく姿を実感し、われわれも勉強し、頑張らねば……」と提案した。

このときもNPOの会長は、大沼だった。

NPOは合同セミナーを終えると、カウアイ島からラナイ島へと場所を移し、アメリカ経済界の要人たちを講師に招いて独自の勉強会を持った。

その日の夜、サロンに50代、60代になった会員たちがグラス片手に集まった。夫人たちも加わって、談笑の輪が広がっていた。

「ハワイという地名が、われわれ世代に思い起こさせるもの、それは太平洋戦争のことである。『そういえば、太平洋戦争が終わって、もう50年になるんだなあ！』と、誰かが感慨深げに言った」

その言葉をきっかけに、文集を編むことになった。大沼は、その本の「序」に書いている。

「そう、あの昭和20年8月……その思い出は強烈ですね」と会員や会員夫人から、声があがる。子供心に感じた空襲の恐怖、青年のころの悪戦苦闘、赤ん坊だった自分を抱いて逃げた母親の苦労話など、次々にエピソードが飛び出す。

「来年の戦後50年は、NPOにとっても画期的な年になります。戦前戦中の生まれは、みな50歳を超えるわけだし、戦後生まれも50歳になる人が出てきて、この会に入ってくるでしょう」

戦後も半世紀という時を重ねて、自分たちの会にも新しい風が吹き込むという意見だった。

「そうだね、NPO会員たちの終戦時の体験談、戦後に事業を軌道に乗せるまでの苦労話などをまとめれば、きっと、後輩たちの参考にもなるね」。会員の誰もが諸手をあげて、賛同した。

この文集には、会員や夫人が年齢順にそれぞれ文章を載せた。

最年長はマルマン社長、片山豊で1920（大正9）年生まれ、次は、同じ年の生まれ、ワコール社長の塚本幸一だった。

茶道裏千家家元（哲学博士）の肩書で、千宗室（現・玄室）の名もみえる。

「後記に代えて」には、「幸い会員、会員夫人から60編の手記をお寄せいただき、1冊の書物としてまとめることができました。終戦時、青年将校、兵士であった世代から1歳半の幼児であった世代までのさまざまな苦難と思い出とが、終戦前夜の時期を含めて縷々語られております。戦後史の出発点を示した貴重な資料としても価値あるものと考えられます」と記されている。

大沼の文章のタイトルは「海軍士官の卵として―広島の原爆を目撃」となっている。「その時、海軍兵学校にいた」に始まり、「海軍兵学校の思い出」「原爆を目撃する」「終戦の日を迎える」「故郷に帰る」まで、生々しく大沼自身の当時の体験が語られていた。

▼「考え方」を決定づけた兵学校生活

大沼は1944（昭和19）年、瀬戸内海の広島湾に浮かぶ江田島の海軍兵学校に、第76期生として入校した。

翌年夏には敗戦となるため、わずかに1年半という短い期間だったが、「そこでの生活は、人生のなかで圧倒的に大きなウエイトを占めています。その後の自分の人生も、物の考え方もそれによって決められていった、といっても過言ではないと思います」。

戦後の社会に出てからの原動力になっている、ともいう。

体力に自信がなく、中学時代の軍事教練の成績もよくなかったが、兵学校での訓練は意外にも、それぞれの生徒たちの体力に見合ったものだった。

大沼は、体操では一番下の5級に入れられた。鉄棒では、まず逆上がり程度のやさしい種目から入り、大回転などをこなす1級グループを目指すように導いてくれる。泳げない者には、泳げるように指導してくれた。

体操やカッター（手漕ぎボート）は、下士官が教員となっていた。

「彼らは10年以上も訓練を積んだベテランでした。しかし私たち少尉候補生よりも階級では下だったので、決して命令口調は使いません。カッターでは、『漕げ！』ではなく、『生徒は漕ぐ！』だったし、行進のときも、『歩け！』ではなく、『生徒は歩く！』だったのです」

「下士官は海軍では、兵から兵曹長までをいいますが、彼らがいなければ軍艦を動かすことも、大砲ひとつ撃つこともできません。ですから、『なによりも、彼らを信頼せよ。そして、彼らの信頼を勝ち取れ』と言われたものです」

下士官たちは、戦場での実際の体験を話してくれることもある。ときには、近くの古鷹（ふるたか）山にいっしょに登ったりもした。

古鷹山は標高400メートルにもみたないが、日露戦争で活躍した海軍中佐、広瀬武夫が在学中に100回以上も登ったという逸話が、その英雄伝説とともに残る。大正期に造られた巡洋艦「古鷹」の名の由来にもなっている。

下士官の新入生への対応は優しかったが、上級生となるとそうはいかなかった。

日常的なことはすべて「1号生徒」と呼ばれた3年生に任された。配属分隊ごとに、1年生から3年生までが同じ部屋に住む。

後輩を殴るようなことは禁じられていたものの、実際は黙認されていた。

「私も、上級生のビンタを2、3発食らったことがあります。動き回ってクタクタになり、トイレに行ったときです。先に入った生徒が出るのを、後ろ手を組んで待っていると、上級生に『その姿勢はなんだ』と。そして『誰もが疲れている。しかし、これから人の上に立とうという者は、どんなに疲れていても、それを態度にみせてはならない』というのです」

上級生は怖い存在ではあった。しかし、ときに殴ることがあっても、それは後輩たちの日ごろの姿勢を正すため、しつけ教育の一環として容認されていたようであり、私的な制裁や体罰とは別のものだった、という。

▼井上成美の「リベラルアーツ」教育

就寝前の午後10時半になると、自習室で2年生の1人が「五省」を唱える。

一．至誠に悖（もと）るなかりしか
一．言行に恥（は）ずるなかりしか
一．気力に欠くるなかりしか
一．努力に憾（うら）みなかりしか
一．不精に亘るなかりしか

合図のラッパが鳴りひびくと、生徒たちは、素早く机のうえの書物などを片づけて、正座する。当番の生徒が、自習室正面に掲げられている「五省」を読み上げるのを、目をつむり、心のなかで、その問いに答えながら、その日１日を自省自戒する。

「自習止め、解散」のラッパで緊張が解かれ、その日が終わる。

大沼は、江田島で学んだなかで重要視しているのは「自律の精神」であり、そして「ものごとを総合的に判断する力」であったという。

至誠、「言行への厳しい戒め」、気力や努力……、この五省の精神を日々自らに問い続けることで、「それぞれの課題をいろいろな角度から見て、どのように考えて決断し、実行に移すか。ものごとをトータルに捉えることができるようになった」という。

もともと大沼は、故郷の厳しい自然や、９人兄弟の真ん中に生まれた家庭環境のなかから、自分を客観的に見る心を養っていた。そこに兵学校での教育が加わることで、その観察力がさらに堅固になったのだ。

そして、すでに触れたように「軍事学」よりも「普通学」に重きを置く海軍大将、井上成美が校長であったことも幸いしていた。

開戦翌年の１９４２（昭和17）年10月、校長に就任した井上は早くから、日本が敗戦を余儀なくされた場合を見すえて、戦後の復興の土台となれるような人材を育てる教育を考えていた。

彼の理想を示す言葉を掲げよう。

「ジェントルマンなら、戦場に行っても兵隊の上に立って戦えるということです。ジェントルマンが持っているデューティとかレスポンシビリティ、つまり義務感や責任感……戦いにおいて大切なのはこれですね。士官としてもうひとつ大切なものは教養です。艦の操縦や大砲の射撃が上手だということも大切ですが、そういう仕事は下士官のする役割です」

「そういう下士官を指導するためには、教養が大切で、広い教養があるかないか、それが専門的な技術を持つ下士官と違ったところだと私は思っていました。ですから、海軍兵学校は軍人の学校ではあるが、私は高等普通学を重視しました。そして文官の先生を努めて優遇し、大事にしたつもりです」

「井上成美伝記刊行会」による記録だが、井上は兵学校の生徒に「まずジェントルマンであること」を求めた。大沼はここに、「リベラルアーツ」の神髄があると考えている。

当時、英語は敵方の言語として各方面で使用が禁止されたが、井上は受験科目や授業から英語をのぞくことに断固反対した。「自分の国の言葉しか話せない海軍士官が、世界中どこにあるか」との信念だった。

こうした教育が、戦後を生きる大きな力につながる。

大沼は述懐する。

「つまり、こう考えるようになったのです。下の者に信頼されるかどうかは、『あの人の判断に従ってついて行けば、自分の能力は100％活きる』と思わせられるかどうかだ、と。そういう判断ができないなら、人の上に立つな、専門家を押さえつけて活かさないようではダメだ、と」

これこそ、リーダーの持つべき資質であり、その「総合的判断力」が問われるのである。

▼「原爆を目撃」、そして終戦へ

さて、「原爆を目撃する」。それはどんな状況だったのだろうか。

大沼は通常よりも早く、2年飛び級で中学4年生になる16歳で兵学校に入校した。1学年3000人に増えていた76期でも、この若さの生徒はわずか1％ほどだが、19歳までの3年間で海軍少尉になるはずだった。

「その後も、1年ごとに階級が上がって、21歳のころには大尉となり、そのころには小さな駆逐艦の艦長になって、戦地に赴くだろう……」。そんなことを考えていた。

しかし、2年生になると戦局は一段と逼迫（ひっぱく）し、アメリカ軍による沖縄上陸作戦が始まる。迎え撃つために出撃した戦艦「大和」が、奄美大島沖で撃沈され、その悲報も届いた。

江田島周辺でも空爆が激しくなる。ついには、燃料不足で湾内で動けなくなっていた最新鋭巡洋艦「利根」や「大淀」が爆撃をうけて転覆した。

「利根」は、大沼が見学を兼ねて乗艦した最後の軍艦であり、終戦後しばらくして、その200分の1の精密模型を自宅に飾り、当時をしのぶ「宝」にしているという。

運命の8月6日は、蒸し暑い夏の月曜日だった。

午前8時15分ごろ、1時限目の授業が終わり、大沼らは校庭に出た。そのときである。強烈な閃光が目に飛び込んできた。

綿菓子のような形をした丸い雲が、ピンク色にぎらぎらと輝きながら膨らんでいくのが、教室棟の屋根越しに見えた。とたんに地面が揺れ、旋風が襲ってきた。教室の窓ががたがたと音を立てた。

緊急避難のラッパが鳴り、近くの避難壕に飛び込む。やがて、あたりが静まったころに、避難壕を出て空を見上げると、先ほどの丸い雲が巨大なキノコ雲へと拡大しているのを目撃した。

「そのうち、真っ黒い雲が押し寄せてきて、ポツリポツリと雨になり、黒い雨が落ちてきたのです。そのときは教室に戻っていたため、幸いにも、その雨を浴びることはありませんでしたが、本当に恐ろしい思いをしました」

広島に「新型熱線爆弾」が投下された、との説明があったのは、その日の夕刻だった。市内の大部分が炎上したことをのちに知る。

そして8月15日、天皇陛下の玉音放送があり、終戦となったことを知らされる。生徒たちは機密文書や重要書類を焼くよう緊急通達を受けた。大沼はそのとき、兵学校生活を克明に記録した日記帳をも焼かざるを得なかった。

8月20日、生徒たちに帰郷命令がくだる。思いがけない敗戦と、突然の兵学校生活の終了である。

「そのとき、これで軍隊から解放されて、家族のいる飯山に帰れるかと思うと正直ほっとする気持ちがありました。しかし、涙がとめどもなくあふれ出てきました。あの感情はいったい何だったのか。いまでも分からないのです」

複雑な思いを胸に、長野出身組の仲間でまとまり、帰省列車に乗り込んだ。

③「自由主義」の神髄を説いた教師

▼「生きていたの？」、再会した母の驚き

8月20日、帰郷命令が出て、大沼は長野出身の仲間たちと、列車に乗り込んだ。広島駅が近づくにつれて、焼け野原が広がり始めた。

駅は、プラットホームだけが残り、折れた水道管から水が吹き上げていた。火傷に包帯をした人たちが路傍にうずくまっていた。

屋根のない無蓋列車に乗り換える。

岡山駅に停車すると、一斉に列車から飛び降りて、田んぼを走り抜け、近くの民家で便所を借り、水を飲み、再び、列車に飛び乗った。

「やはり、原爆の悲惨さを目の当たりにして、緊張していたのでしょう。私は解放されたかのように、石炭の上で眠ってしまったのです。そして夢をみました。それまでのことが走馬灯のように、浮かんでは消えていきました」

やがて列車は名古屋駅に着き、中央線に乗り換え、ようやく客室で座ることができた。

「長野駅で、兵学校の規則に従って、白の詰襟に肩章のついた夏用の正装に着替え、白手袋をつけました。ローカル線の長野電鉄に乗り換え、やっと飯山に到着。1年半ぶりの

帰郷です。両親の待つ家に急ぎました」

建てて１００年はたつだろう、住み慣れた家がそこにあった。「ただいま」と声を出して敷居をまたいだが、返事はなく、静まりかえっていた。

小走りに裏の畑へと急いだ。数本のリンゴの木があり、青い葉の間から１つひとつの実を包んだ新聞紙がのぞいている。その周りには、背高く成長したトウモロコシが風に揺れていた。

そこに着物姿の母の姿を見つけた。「お母さん、ただいま帰りました」。大沼は軍隊口調で呼びかけていた。

振り返った母は、「まあー」と声をあげて、放心したように立ち尽くした。しばらくして、「生きていたの？」と低い声が漏れた。

「広島に、すごい爆弾が落とされて、みんな死んでしまったと聞いていたんだよ。お前も死んだのではないかと……」。母は大沼の手をにぎり、「すっかり立派になって……はやくお父さんに知らせなくっちゃ」と、家の方に降りていった。

大沼はその足で、ひとり丘陵の中腹にある墓に向かった。墓石の間に、真新しい赤土の丸い盛り土があり、白木の柱が立っていた。

「すぐ兄の墓だと分りました。上から2番目の兄です。塔婆には『昭和20年3月13日没、

21歳』とありました。軍隊での訓練中に谷に転落していたのです。私が江田島に向かう朝、みんなで見送ってくれたのですが、この兄だけがうつむいていたのが脳裏から離れませんでした」

大沼は小学校にあがるとき、可愛がっていた幼い妹を亡くしている。兄弟をまた1人失った。

「国が負け、ただ行き場がなくなって帰っていたのです。そこに兄の死が現実のものとして突きつけられて、こたえました。これからどうすればいいのか、と途方に暮れるばかりでした」

「でも、私の思いなどにはかまわずに、川は流れ、緑は茂り、雲が夏の色をたたえて浮かんでいます。いつもと変わらない飯山の自然が、いっそう惨めさを誘うのです。まさに〝国破れて山河あり〟の思いでした」

そしてそのとき、息せき切って坂を登ってくる父の姿を見つけた。

▼大洪水で農業の大切さに目覚める

大沼は17歳になっていたが、自分の進路を決めかねていた。その年の秋、信州を大水害が襲った。

台風の影響もあり、千曲川の堤防が決壊して、多くの死者が出る。大沼の家も浸水し、広い範囲にわたって田畑が水を浴び、農作物はすさまじい被害を受けた。収穫期をひかえたサツマイモは、芯の方から固くなり、食べることもできず、やがて腐っていった。

戦後の食糧難は、全国で深刻さを増していた。

「あの大水害では、農家でさえも食えなくなるという惨状でした。少ない食料を、互いに分け合って生きている姿をみて、私は、これからの日本はまず農業を立て直すことから始めなければ、国の再興もないと考えたのです」

中学時代の担任だった先生に相談する。そのとき紹介されたのが茨城県鯉淵村（現・水戸市）にできた「高等農事講習所」の存在だった。

ここに、あの「小出満二」との出会いが待っていた。大沼の考え方を変え、その進路にも大きな影響を与えた運命の人物である。

その交わりを見ていくことにしよう。

大沼は知人から、「お金を出してやるから、官立の大学に行かないか」と声をかけられていた。しかし、人の世話になることが嫌いな性分はいかんともしがたく、断っていた。

授業料も寮費も無料、しかも食事までつく農事講習所は、大沼にはなにより魅力的で、高い競争率のなか受験し、合格を勝ち取った。

もともと、鯉淵村の高等農事講習所は、戦争中の１９４３（昭和18）年、満州への移民の指導者を養成する機関として開所した。旧制中学の卒業生を全国から選抜して、訓練していた。

終戦とともに廃止になったが、１９４５年11月、全国農業会が人材や施設を引き継いで3年制の高等農事講習所を設立した。だが、旧態依然の精神主義を引きずり、生徒たちの学習意欲は停滞していた。

「想像とは大違いの大変なところでした。毎朝4時から夕暮れまで1日中、作業が続きます。炎天下での田や畑の草取り、豚の飼育、肥料づくり……。その実践の場はある種、宗教的と感じさせるほどでした。農家生まれでなかった私には、兵学校よりきつい思いをしました」

学校名は変わったが、2、3年生はそのまま残り、大沼らは4期生と呼ばれた。その所内の混乱は、ここでも左翼思想をはびこらせていた。

「ＧＨＱによる農地改革が始まると、地主たちは土地を取り上げられ、地方の2男や3男は食い扶持を失い、左翼に走るのです。しばらくして、そうした人たちが教師になって日教組が生まれる下地にもなっています」

人事院では、そうした実態を知るのだが、それは後のことである。

新設された講習所内でも、教授陣のなかでの暗闘や人事的なトラブルが発生していた。

小出満二が所長を任されたのは、こうした状況下だった。

東京帝国大学農科大学卒業で、文部省督学官、九州帝大教授、鹿児島高等農林学校長を歴任し、東京農林専門学校長を退官したばかりで、該博な知識・学問と、教育に対する深い見識が広く知られていた。

今回、筆者が見つけた『小さな学校―茨城県農民教育史―』（森田美比著、崙書房出版茨城営業所）に、次のような記録があった。

１９４６（昭和21）年の最初の入学式で、小出は「諸君は、この学園に学んだから、将来農学をもって身をたてなければならない、と考える必要は少しもない。ここで学んだ自然科学を基礎として、新しい文学を開くもよし、哲学や経済を志すも一向に差支えない」と述べ、さらに個性の大切さを訴えて、「嫌なら遠慮なくやめなさい」と付言し、新入生の度肝を抜いた。

講習所の体質を一新することを意図した熱弁だった、という。

この新入生の１人だった大沼は小出の言葉通り、農学とは別の道をたどることになる。

ただ、入学すると、小出に「講習所の方針は封建的だ、閉鎖的だ。こんなことをするために入ったのではない」といった内容の建白書なるものを仲間たちと提出し、ストライキの先頭にも立っていた。「講習所の民主化運動の第1号」を気取っていたらしい。

「自由主義とか民主主義といったものが浸透し始めたころで、戦争というものを経験した者にとって、自由ほどありがたいものはなかった。そうした社会風潮に刺激されたのでしょう、ストライキまで決行していました」

1カ月ほどして大沼は、小出に呼び出される。

▼「人を叱らない」、小出満二の教育精神

小出はこんこんと諭しきかせた。のちに、これが大沼にとって「自由というものの神髄」と思われた。次のようなものだった。

「自由主義とは何よりも努力しないと保てないものです。君たちがもし自由になりたくて、また自分の主体性を確立したいのなら、どうして他人の自由を縛り、他人の主体性を奪ったりするのですか。自分だけが自由になって他人が自由でない状態というのは、どんなことがあってもだめなのです」

「自由で何が一番大事かというと、それは人を許すということです。そういう寛容の精神が基本になければだめです。人を許すことができない人は、自由などを語る資格はないのです」

夏休みで飯山に帰り、この言葉を繰り返し考えるうちに、自分の間違いに気づく。講習所に戻り、伝えると、小出は「分かれば結構です」というだけで、覚悟していた処分もなかった。

まさに「寛容の精神」そのものに接する思いで、大沼は小出の教育者としてのあり方に引かれていく。

『ノブレス・オブリージュの「こころ」』には、「私は『左』に走らずにすんだ。……小出先生の教えは、その後の私の考え方の基盤になった。『人を叱らない、人を責めない、人を許す』と決めたのも、この先生の影響からだ」と書いている。

小出は1879（明治12）年、現在の兵庫県に生まれた。東京帝大で助手となり、ドイツやイギリスへ留学し、アメリカを経て帰国した。

大正期にはオーストラリアのシドニー大学に交換教授として赴任した経験もある。図抜けた国際的な視野の持ち主だった。

「国民の幸せは、食足りて礼節を知る、農村部がきちんとしていなきゃいけない。そこに住む人たちの心の平和が保てなければいけない」という発想から、当時としては新しい

「ヒューマニティー」という言葉をよく口にした。

「小出はヒューマニティーという言葉で、生徒たちに広い視野と、科学的な見方や実践力を身につけさせたいと考えていたのです」と大沼は言う。

小出は内村鑑三門下のクリスチャンであり、大沼らに、『デンマルク（デンマーク）国の話』という内村の著作を薦めている。

デンマークは1864年、ドイツ、オーストリアとの戦争に敗れ、国土の一部を失ったものの、不屈の信仰と努力により、残された荒地に樅（もみ）の木を植え、美しい緑地をつくった。

1911（明治44）年の内村の講演にある話だが、これを小冊子にすると、若い人たちを中心に広く読まれ、日本の山林のみならず日本領になっていた朝鮮の山々にも膨大な木が植えられた。

「私たちも感激しました。講習所の生徒は1学年120人ほどでしたが、海軍兵学校、陸軍士官学校の出身者も少なくありませんでした。先生は、敗戦によって打ちひしがれた私たちに、勇気を持たせるためにあの話をしたのだと思います。くじけずに、新しい時代に漕ぎ出してほしい、という思いだったに違いありません」

大沼はいまでも、当時の小出の息遣いすら、感じることができるという。

▼「教育は人物をつくること」の信念

ヒューマニティー教育はそのように実践されていたのだが、その小出満二の教育観とは、どのようなものだったのだろうか。

『茨城県農民教育史』によると、まず2つの柱を掲げたという。

「農業教育は、ただちに間に合い、役にたつ者をつくることではない。それだけならば、便利な機械をつくるのと同じである。そうではなく、人物をつくることが目的である。そういう人物ができれば、その人は、豚もよく飼えるし、稲も上手につくれる」

「各人各様の天分を生々発展させるのが教育であって、この個性の完成以外に教育はない」

この2つに集約できる。これは小出が「大正期末から昭和初期」に書いた論文から引用している。

「詰め込み主義の教育は、当座の役には立っても、将来への展望を欠く」ことが多く、「農業学校の教育も、教えすぎのきらいがあるから、もう少し（生徒に）不親切に扱ったらいい」という。

そのうえで、教師たちには「原理原則を教えて判断力を養うとともに、訓育を怠ってはいけない」と求めている。

こうした考え方を小出は、農事講習所の所長に就任する20年も前に論じていた。そのうえで、大沼ら講習所の生徒たちに接する。

教育とは「人物」をつくることであり、教師の責務は、原理原則を教えて「判断力」をつけさせてやること。

教養教育やリベラルアーツのあり方に悩む現代の大学人にとっても、身につまされる指摘ではないだろうか。

なんと柔軟で、なんと深みのある教育論であることか、と驚かされる。

それが最初の入学式で、新入生の度肝を抜くような演説になった。「将来農学で身を立てなければならないと考える必要はない。新しい文学を開くもよし、哲学や経済を志すも一向に差支えない」

講習所で3年の勉学に励み、20歳になった大沼は、その図書館の新聞に公示された国家公務員試験の案内を発見し、人事院に入ることになる。

専門分野だけでなく、小出のいうように、自ら「哲学や経済」の知識をしっかり身につけていたことが役立った。

ここにも「決断力」という言葉がある。大沼が戦後社会を生き抜くうえで最も重要と考えるキーワードである。

小出の教育は、１人ひとりの個性を大切にし、それぞれが人生の節目に独力で決断する力をつけてやることに主眼が置かれた。

大沼によると、小出は「学生のなかには、資格と学校の名をかりて社会を渡ろうとする者がいる。そんなのに碌（ろく）な者はいない。あなた方は無資格でも、実力を身につけて社会に出るならば、恐れるものはない」と口癖のように言い、学生たちを勇気づけていたという。

④「課題解決力」は、どうすれば身につくか

▼「答えの見えない」困難な時代の若者

さて、ここで現在の日本から、大沼の仕事を考えておこう。

いま日本は、大きな社会問題をいくつも抱えている。いずれも、これまで人類が経験したことのないような厳しいものばかりである。

度重なる震災や自然災害への不安も加わり、勉強をしながら就職先を探している若者たちには、かつてない高い壁にぶつかったように思われるのかもしれない。

社会は流動化し、「18歳や22歳で就職して60歳で定年」というこれまでの社会のあり方も変わる。いや変えないと、もたない状況が生まれている。

最近、「課題解決力」ということが言われるようになった。学校教育のなかでも、「答えが簡単には見つからない問題が増えた社会」では、自ら課題を見つけて解決への糸口を探す能力が重要視される。

東日本大震災のあと、「戦後」にならって、「災後」という言葉をつかう人たちがいた。それだけの社会変化があるだろう、という。

確かに日本は、大沼が生きた「戦前の価値と切り離された時代」にも比較できるような「未知の世界」に踏み入っているのかもしれない。

現在の高等教育の難しさは、そこにある。しかし、大沼の時代と決定的に違うのは「食えない時代ではなくなった」ということだろう。

就職できなければ、食べていけないという若者は少ない。だから「就職で1度や2度の失敗をしても、たいしたことではない」と、肝を据えてかかることが良い結果につながるかもしれない。

ただ「だからこそ、難しい社会なのだ」と反論されるのは分かっている。

問題は、身の周りにモノがあふれ、生活にもこれといった不満のない若者たちに、どのような目標を持たせられるかであり、学習意欲を失い、海外への留学など全く興味を示さない学生たちに、日本の将来について考えるための力をどうつけてやれるかなのだ、と。しかし、若者だけに問題があるのでもない。大人側の認識も改めなければならない点があるように思う。

日本はこれまで、多くの世界的な偉業を成し遂げてきた。ところが肝心の大人たちが、そのことを理解せず、若い人たちにも伝えることができていない。日本の社会全体を、いたずらに悲観的に見ることに慣れてしまった。そのように思えてならない。

日本がやってきた偉大なこと、それは次のようなことである。

まず、明治維新を経て、またたく間に、欧米の先進国並みの実力を獲得し、列強の仲間入りを果たした。これは欧米以外の国が先進国に名を連ねた初の快挙だが、１度ならず第２次大戦後にも、目を見張る復興を遂げている。

次は、公害の克服だろう。18世紀イギリスの産業革命以来、人類が抱えてきたジレンマであり、日本も急速な経済成長に伴って海も大気も汚れ、四大公害などと呼ばれていたが、それを克服して、美しい環境を取り戻した。

3つ目には、オイルショックで直面したエネルギー危機の克服がある。1970年代、原油の高騰によって先進国は大打撃を受けたが、日本はいち早く、エネルギー効率の高い産業に転換し、「モノづくり大国」を実現した。

そして、1950（昭和25）年ころまで先進国のなかで最低だった国民の平均寿命を1970（昭和45）年には世界一にしている。

考えてみると、これらはすべて、現在の途上国が願っていることなのだ。経済成長はもちろん、公害・エネルギー問題の克服も長寿社会の実現も、いま世界が求めていることを実現したのが日本だった。

高齢化が問題になるのも、その前に「長寿」という幸福を実現しなければ、ありえない。しかも世界全体が高齢化しているのに、日本のネガティブな点ばかりが強調される。これが日本の若者のやる気に響いているとしか思えない。

これから仕事を探そうという学生たちには、日本にはそうした偉大な実績があるということを知らせ、勇気づけるべきではないだろうか。

▼日本の第5の偉業？　ファッション世界一

筆者は、上記の4つの偉業に加え、日本がファッションの分野で世界をリードしている、そのことをあげることもできる、と考える。

日本のファッション文化を世界に発信し、確固たる地位を築いた。大沼は間違いなく、その仕事の中心にいた。

もともと日本は、鎖国政策をとった江戸期に、独自の文化を創造している。浮世絵や陶磁器、茶道の「わび・さび」の世界、寿司に代表されるヘルシーな日本食もそうである。浮世絵や陶磁器などは、いち早く欧米人もその魅力に気づき、盛んに取り寄せるようになっていた。

だが、日本の服飾の世界には、彼らの眼も届いていなかった。明治維新になると、日本では文明開化の波にのった洋装が中心となり、和装はその陰に見えなくなっていた。

しかし実は、世界が目を見張るような独自の技術があった。その事実を海外に知らしめ、さらに磨きをかけた技術で世界をリードするファッションを築いたのは大沼の率いる文化学園だった。

「日本はもともと、平安時代でも江戸時代でも、ファッションは世界の最先端にあったのです。とくに江戸の元禄時代に流行し、文化・文政期に完成する小袖は、織りも染めも技術的に世界に冠たるものを持っていました」

「着物は、極めて合理的な平面裁断という技法を編み出していました。日本人は、この技法によって洋服も簡単につくることをおぼえ、西欧以外の国で初めて洋装化を実現していたのです」

その技術は「裁縫」として、小学校や中学校の学校教育の場で教えられてもいたが、いち早く洋装を取り入れられた秘密は、日本の和装技術にあった。

そのように大沼は説明する。

だから、高田賢三や山本耀司などの卒業生が国際的なデザイナーになるのも、そうした伝統の基盤があってこそ、という。

だが、そこに至るまでには多くの困難があり、難問を解決するための多くの「決断」があったことは推察できる。大沼は、そのことを決して、ひけらかそうとはしない。

しかし、次のことだけははっきりと断言している。

「自分がファッションのプロになろうとは思いません。ただ、（文化学園での）教育の方向や21世紀に向けたファッションのあり方などについては、自分の判断と責任においてやっていかなければ、と考えてきました」

「判断力がなく、ものごとの方向性について指示のできない人は、人の上に立つ資格がない。それが私の信条でした。どの世界でも、管理者たるものはそうでなければならないと思います」

そこには「誰に頼るのでもなく、すべてを自分で考え、自分で決めてきた」という強い自負心がある。

「私が移ったころの文化学園は、洋裁学校の1つに過ぎず、しかもそうした学校の時代は終わろうとしていました。それで服飾のプロを養成する学校に切り替えたのです。国立大学では、どこもやっていませんでしたから、この学園でやらなければと思ったのです」

「それには産業界にも働きかけなければならなかったのですが、全く相手にされず、孤立無援の状態でした。ましてや寄付金などを当てにすることはできません。だから出版をやったりして、自分で稼ぐしかなかったのです」

そうこうするうちに、飛躍への挑戦を怠ったライバルの洋裁学校は次々と廃業し、文化学園がそれまでの未知の分野で、独自の道を切り開く。

こうした決断は、大沼がすべて取り仕切っていた。

▼「判断力」、それは正確な状況認識から

ファッションのプロでない。その大沼がなぜ、そうした離れ業を演じることができたのだろうか。そこでこそ、大沼の独自の考え方が活きた。

つまり、「上に立つ者は、下の人たちを信頼し、専門分野では専門の人たちに仕事を任

せる」ということである。

管理者は、「人材をどのように使い、パワーをつけていくか」をまず考えることだ。それには、組織の内外の環境を総合的にみることが重要になる。

社会構造の変化をどう認識するか。リーダーが常に気を配らなければならない点だろう。国内では、消費動向にどのような変化がみられるか、人間の移動や情報の流れはどうなっているか、細かく分析する必要がある。

目を外に転じれば、日本の社会の趨勢が、海外の国々で起きている事象とどうつながっているのか、そう考える。

それが社会の構造変化を的確にキャッチすることにつながる。しかし、それだけでは足りない。

そのうえで組織を動かすには、「日本の人間集団がどのような原理に基づいて動いているか」を理解しなければならない。闇雲に指示を出しても、人は動いてくれない。

すでに述べたように日本社会は、宗教の倫理によってではなく、「こころ」の触れ合いを通した「話し合い」で、ものごとが進められる。

労働組合も例外ではない。日本の企業経営のポイントは、この日本型共同体の性格を持つ労組とどう緊密な関係を持ち、理解し合うことができるかにある、と大沼は指摘する。

そのために、組織全体として進むべき「共通の方向性」を打ち出さなければならない。話し合いや共通理解の基盤をつくることで、組合の人たちもついていけるようにする。それこそが「上に立つ」リーダーの仕事なのである。

大沼は文化学園の理事長になると、まず、労働争議に発展していた労働組合との話し合いに臨み、経営改善をはかる。

すでに洋裁ブームが去っていた状況をみて、男子も入学が認められるようになった文化服装学院の教育内容を、プロのデザイナー育成のためのそれに転換する。

そして、間もなくやってくる第１次ベビーブームを見越して、４年制大学の設立に着手する。

「学校法人をつくって教育を行うに当たっては、その法人がそもそも集団を形成する目的が何であるのかを明確にし、その目的を達成するために何をするのかということが問われます」

「発展的に永続性を持たせる管理運営が大切で、一時的にうまくいってもそれが本当に実力によるものかを冷静に見ることが必要です。永続性をどうつないでいくかということが、カリキュラムをつくるポイントになります」

社会情勢を読む→理想形を構想する→組織の体制をつくる→永続的なカリキュラムへ、

そんな組織運営の流れがここから読み取れる。

ここにこそ、「総合的判断力」が問われる。

▼「日本の文化を正しく認識すること」

もうお分かりだろう。大沼は、この「総合的にものを見る力」を子供のときから意識的に、あるいは無意識のうちに、身につけてきた。

9人兄弟の真ん中に生まれた、これは動かすことのできない条件だった。自然環境の厳しい北信濃の飯山に生まれた。これらは意識しても、変えられるものではなかった。

しかし、そうした条件は自分が存在する環境を見つめ、自分自身を客観的に見ることを可能にしたという。「じっと耐えている自分」をもう1人の自分が見つめるとでもいえるだろう。

こうして自我が芽生えると、大沼は意識的に自らを高めることを目指す。海軍兵学校で、茨城県の高等農事講習所で、けっして置かれた環境にめげることなく、自己研鑽に励む。

それが、「お母さんやお父さんに心配をかけたくない」という心根に発しているところが、この人らしい。あるいは、この時代に育った人たちが共通して持っていた倫理によるものなのだろうか。

いずれにしても、そのように人格は磨かれていた。

「頭が良いのではなく、物事を幅広く見るという訓練が小さいころからできていた。兄弟が多く、兄たちにならって本を片っ端から読みました」

「幸いなことに、昭和33年から現在まで、部下を叱るということが1度もありませんでした。力づくで何かを進めたようなこともありません。長く私大協の会長を続けていますが、それも決して権力的にはやっておりません」

こうした語録に、大沼の柔らかい人柄がにじみ出る。

その大沼は、いまの日本をどう見ているのだろうか。国際化のなかでの日本の役割についてどう考えているのだろうか。

まず「グローバル化、ソフト・情報化、科学技術の高度化」を現代社会の特徴とし、今後ますます、その3要素が強まるという。

そこで重要になるのは、第1に、産官学の連携の一層の緊密化である。かつて日本の大学が「象牙の塔」と呼ばれる閉鎖社会だったころ、産業界が大学と結びつくことが悪いことのようにいわれた。

そうした認識からは解放されつつあるが、足りない部分を埋めるには、「細分化・個別化」から「総合・複合化」へ発想を転換することが必要だ。

「ある特定の学校に頭脳を集めればいい、という時代は終わったのです。地方都市の再生ひとつを考えてみても、それぞれの地域の教育機関が自治体、産業界と緊密に連携して、トータルな発展策を編み出すことが求められています。教育界、産業界、行政が欧米諸国に追いついた今こそ、互いの連携をさらに深めなければなりません」

第2は、日本の伝統文化を蘇生させ、海外に発信することである。それには「モノと心を再び結びつける努力が欠かせない」という。

見てきたように、江戸時代につくることができた「美」が失われている。明治期の欧化主義も手伝って、「モノと心が美しく融合した伝統」が「古い、封建的なもの」と見なされるようになったからである。

再生への努力はようやく動き出しつつある。「おもてなし」の心が見直され、ファッション界を追うように、日本食や日本酒、食材を海外で売り込もうというムードが出てきた。「日本には、モノに心を注ぎ込むという伝統の文化があり、それが世界の人たちにも注目されるようになっています。そのことを正しく理解し、国際的な文化のルネッサンスに貢献するくらいの気概で、情報発信することです」

これからの若い人たちには、そうしたことを考えてほしい。「自分たちの社会は自分たちでつくる、その覚悟をぜひ持ってほしい」という。

第４章　21世紀の高等教育にパラダイムシフトを

①まず、「国立大優先」の考えを改めよ

▼改革論議、社会変化に対応できず

大沼は、現在の大学改革の議論を複雑な思いでみている。受験生は、望めば必ず、どこかの大学に入れる「全入時代」といわれ、複雑化する一方の社会の人材育成は、従来の常識を抜け出る施策が必要という。

「私は、私大協会長として今の任期が終われば、20年間、その職にあったことになります。しかしその間、現行の制度に首を傾げざるを得ないことも少なくありませんでした。もう少し、時代の変化に対応するようにしなければ、と思うのです」

大沼の考えはこうだ。

戦前の日本で大学と名のつく学校に入ったのは、わずかに1・5％の人たちだった。「学の蘊奥（うんおう）」という言葉が象徴する通り、「難しい学問を学び、研究するところ」と規定されていた。

しかし、時代は変わり、社会構造が変化したのに制度の面では、その固定観念のままに改編が進んでいない、と感じられる。

出てくる議論は、大学の「質を高めろ」といった抽象的なものばかりで、21世紀の社会

構造に対応したものになっていない、という。

かつて高等教育を修めれば、高級軍人や高級官僚、学者などになることができた。その他の職種や仕事は、中等教育で十分だった。

しかし、21世紀の現代社会では、どのような仕事も高等教育のレベルの学びが必要になっている。

「八百屋さんで働く人たちも、居酒屋で働く人たちも、コミュニティー社会のなかでサービス産業に携わる人たちも、高等教育を受けなければ万全ではない社会システムになっています。情報がすべてコンピュータ処理されること１つとっても、社会の各層で新しいシステム変化に対応できる人材がいなければ、国際競争でも負けてしまいます」

「ですから、それぞれの分野に応じた高等教育レベルの専門教育が必要なのです。八百屋や居酒屋の店員から、政治家や経営者を育てる分野まで、さまざまな高等教育があるべきだし、そうならなければならないのです」

ここから、大沼の持論である「（現在の）専門学校を高等教育に認めよ」という理念が出てくる。

しかし、それを妨げているのが「高等教育イコール大学教育」とする認識であり、そのために「一般的にいわれる一流校以外は大学として認めない、という風潮が根強いこと」

だという。

戦後の学制改革で、国立大学は約80校に絞り込まれた。一方、当時の私学は専門学校も含めても80校ほどで、それらが大学になった。スタート時点では、ほぼ同数だった。

ところが戦後のベビーブームを経ても、国立の定員は11万人程度でほとんど変わらない。増え続ける進学者に私学が、大学を新設する、あるいは単科だったところを複数学部の大学にするなどして、対応してきた。

「現在、その私立大が600校に増えています。それだけを見て、頭ごなしに『大学が多すぎる』といった議論をする人たちがいますが、それは戦後、私大が背負ってきた役割を知らない人たちの言い分だと思います」

大学の改革論議は、そうした歴史を踏まえたものであってほしい。

中学・高校を卒業した子供たちが皆、それぞれの分野で高等教育を受ける必要が出てきたいま、大学は多すぎるのではない。

あいかわらず、東大を頂点とする「富士山型」で序列化する考え方に縛られていることに問題がある。

そうではなく高等教育を複線化することを考える。富士山型ではなく、頂上がいくつもある「八ケ岳型」の思考が必要という。

▼「専門学校」を高等教育の一角に戦後一貫している「国立大優遇」の国の姿勢も、改革を実のあるものにできない要因になっている、と大沼はみる。

日本の高等教育に当てられる政府予算は、先進国のなかでも極端に低く、ＧＤＰの０・５％前後に抑えられたままで推移している。

なかでも、私立大は厳しい環境に置かれている。

１９７５（昭和50）年、私立学校振興助成（私学助成）法が制定され、私大の経営的経費に対する補助金の割合はその5年後、29・５％となった。ところが、そこをピークに減少を続け、２０１５（平成27）年には９・９％と一桁にまで落ち込んだ。

「一方で、国立が使う資金の比率は、国際的にも決して低くはありません。私どもの大学（文化学園大学）について、『これだけの建物、施設にだれが資金を出したのか』と外国人に聞かれる、と話ましたね。私学には、研究費など経常費に10％の補助があるだけで、あとは授業料、つまり保護者の負担です」

「日本が先進諸国と伍してきたのも、私学が自ら教育費を負担しているからにほかなりません。一層の国際競争力の強化を図るためにも、活力ある大学づくりを目指すためにも、高等教育に対する政府予算は対GDP比1・0％へと飛躍的に拡大する必要があるのです」

大沼は、戦後の歴史が実証してきた「私大への教育投資効果の高さ」を考慮にいれ、多様性を大事に私学を養成する方向での高等教育政策の構造的大転換（パラダイムシフト）を訴えてきた。

全入時代とはいっても、大学への進学率は50％前後である。高等教育という範疇でみると、日本はまだまだ低い。

そこで、大沼が考えるのが「専門学校まで含めて高等教育機関として認める」ということである。

私学助成法のもとに、学校教育法の一部改正で「各種学校を専修学校に切り替える制度」ができた。大沼らの努力によることは見てきた。

日本の私大は、各種学校から内容を充実してステップアップし、大学に成長したというケースがほとんどである。

いきなり大資本を投入するのではなく、最初は5、6人の小さな芽から始まり、社会情勢に応じて、その芽を100人、1000人にと増やす。

私学はそのように、自身の力で発展してきたのだが、大沼によると、その状況は大きく変化している。

「いわゆる『1条校（学校教育法第1条の定める学校）』になるための各種学校ではなく、各種学校のままで社会的な教育機能を果たそうとするところが増えてきたのです。時代が急速に変化したことで、現在の大学などでは対応できないエリアが複雑に生まれているからです」

そうした状況にどう対応するか。それが「1条校」に入っていない専修学校にとっての大きな課題になっていた。

専修学校は社会的ニーズに自由に対応して学校を創設している。法律に縛られない「自由さ」こそ専修学校の特性であり、「大学や短期大学ではやらない、あるいは、やれない分野」に新しい教育の場を開拓してきた。

そう大沼は分析する。

つまり、専修学校は「1条校」になるためのステップではなく、大学では対応しきれない複雑なニーズに対応するための制度である。

この開かれた自由な学校である専門学校を、日本の高等教育の一角に置こうというのが大沼の理念である。

「人間の能力は知性だけではない。絵がうまいとか、身体能力がすぐれているとか、社会的態度がいいとか、人づき合いがうまいとか、そういう大事な要素がたくさんあります。それを認めることが重要な時代になったのです」

「憲法26条に、国民はその人の能力に応じて教育を受ける権利を有すると書いてある。しかし依然として、現状は19世紀の発展途上国並みで、西洋の知識を学ぶことが優先され、英語ができるとか、数学ができるとか、そういうことだけが大事にされて、ちっとも進歩していないのです」

専門学校だから高等教育にしないというのでは、多様化社会に対応できず、これからの国際競争に負けてしまう、という。

▼「富士山型」から「八ケ岳型」へ

では、どうすれば良いのか。大沼は、これから目指すべき高等教育の構造を次のように考えてきた。

まず「ポスト・セカンダリー・エデュケーション」という考え方を導入する。高校までの中等教育（セカンダリー・エデュケーション）の後を引き継ぐ学校を全体として高等教育と考える。

その際、高等教育を「前期」と「後期」に分けることが、有効だという。

後期では、大学院の博士課程までを含めて高度で専門的な研究、教育を提供する。しかし、こうした大学の数は限られる。

一方の前期では、旧制高校のようないわゆる「リベラルアーツ」を教養的なものとして教え、「ものごとの全体を的確に判断するための力」をしっかり身につける。そのうえで、専門学校や短大を含めた専門的な教育へと進める。

「もはや大学が最終段階ではなくなっていますから、大学とか短大とか専門学校の区別をなくし、いっしょにして『前期』の高等教育のなかで、それぞれの特色に応じて教育内容を工夫し、『後期』の高等教育につなげていく。そこで互いに切磋琢磨していく形を思い描くのです」

前期の高等教育は、思い切って多様化する。

それにより、これからの時代に必要な多様な職業群に対応できるような人材が育てられるわけだ。

それは大学が、それぞれの「機能」を明確にすることにもつながるだろう。文部科学省でも数年前から、大学を機能別に分類する作業に着手している。

自らの大学を特定のカテゴリーに固定化することは、当の大学にとっては自由を束縛されるようで納得できないところも出てくる。

最近、「建学の精神」ということが盛んに喧伝され、大学の特色をそこに求めようとする動きが活発化している。

周囲からのレッテルではなく、自分たちで積極的に内部から存在価値を発信し、「特色」を打ち出そうとする努力ということもできる。

ただ、機能別の厳密な分類とまではいかなくとも、大沼は「国公立大と私立大がそれぞれ、どのようにその役割を担い、果たさなければならないか」といった程度には明確化が必要だ、という。

それには国立優位の状態にある公的資金の配分の仕方を変えて、競争的な要素を取り入れる。その際、「国立大でやらなくてはならない大学教育とはどういうものか」という定義を明らかにし、それに当たらないところは私学を中心に任せてもらえばいい、とも指摘する。

「高等教育が目指すことの中心には、未来の社会が必要とする人間の能力開発があります。複雑化した社会には多様な能力を育てる教育を、と言われて久しいのですが、東大を頂点とする『富士山型』から依然として抜けられない。それでは日本の学びに広がりが期待できません。『富士山型』を『八ケ岳型』にするためには、個々の能力の特性を認めて、そこに1つひとつの山を築いていくことが大切なのです」

日本の高等教育の構造を変えるには、そうした将来像を見すえた取り組みが欠かせない、という。

▼私大の公立化、「不公平」の象徴

私大協が、パラダイムシフトの大切なもう1つの重点目標にしているのが「地方創生に果たす私立大学振興策の確立・推進」である。

２０１４（平成26）年暮れに閣議決定された「まち・ひと・しごと創生総合戦略」に基づき、翌年、文部科学省が打ち出した「地（知）の拠点大学による地方創生推進事業（ＣＯＣ＋）」では、地方大学の強化、地元学生の定着、地域人材の育成の３つのプランが提示された。

２０１６年12月の私大協の創立70周年記念誌にも、大沼は「高等教育に対する政府予算の飛躍的拡大とパラダイムシフトの実現は、私立大学の多様性の伸長による健全な発展を目的とした施策として位置づけられるべきだ」と記している。

私大協の会員校には、比較的規模が小さい地方大学が多い。こうした大学にとって、政府の地方活性化策がどう進むかも死活の問題となっている。

その心配を象徴するのは、経営の厳しい私立大を公立化する動きである。文科省の学校基本調査によると、1995（平成7）年に52校だった公立大は2015年には89校と、20年間で40校近く増えている。

とくに最近は、私立大が公立大に改組されるケースが急増する。

公立化の経緯はさまざまだが、国が自治体に奨励してきた「公設民営方式」や「公私協力方式」で誕生した〝半官半民〟型が少なくない。

そこには「地域から大学が消えるよりは公立化してでも維持したい」「地元学生の学習機会の保証や廃校による混乱の回避」といった地方の事情もある。

しかし私大協が見過ごせないのは、国の設置する国立大、自治体の設置する公立大、学校法人が設置する私立大の3者間に、公正な競争条件が担保されていないという点である。とくに公立化に伴い、多額の地方交付税による大幅な予算的支援の拡充がなされる。私立大としては看過できない不公平と映る。

会員校からは、「公立化して志願者が何倍にもなった」といった現実を目の当たりにして、同じ県内に立地する私立大として、耐えがたい歯がゆさを覚えたといった報告もなされている、という。

志願者が急増するのは、公立化で余裕のできた大学が学費を引き下げたことによる場合が多いとあっては、なおさらであろう。

公的支援が乏しい私立大学は、どんなに経営努力を払っても国公立大のように学費を下げられない。

大沼は「ある地方大学の担当者は、私立にも授業料を補助して、公立・私立の教育の良さを互いに伸ばし、切磋琢磨していくべきだ。将来にわたり地方交付税が続くのか、削減された時に自治体は負担できるのかという問題もある、と指摘していました。全くその通りです」と現状を憂慮する。

私大協では、自治体による大学支援は、大学を丸ごと抱える公立化ではなく、私立大という形態のままで学生の経済的負担を軽減する自治体独自の奨学金制度の導入や、創意工夫をこらした新学部の設置に対する経営支援などで対応すべきである、と主張している。

こうした施策が、地域内の国公私立大に平等に施されれば、より多くの若者が地域に留まることができ、地方創生にも寄与する。

大沼は、私立大の公立化の動きに異を唱えながら、ここでも「人口減少社会に適した国公私立大の役割の見直し」を訴える。

②「専門職大学」制度は、現状に合わない

▼大学と「高等教育」を分けて論議を

高等教育を、中等教育の後の「ポスト・セカンダリー・エデュケーション」という概念でとらえる。

この視点はもちろん、大沼が各種学校や専修学校の全国連合会の会長を長くつとめた経験に基づいている。

もともと洋裁学校だった文化学園から「私学教育人」としてのキャリアをスタートした大沼にとっては、当然ともいえる。

筆者は、その立ち位置こそ、大沼に教育界を広い視野で俯瞰することを可能にしたと見たい。一部の知的エリートだけに目を向けず、若者たち全体の状況をとらえようとする視点が生まれる。

それは同時に、時代の流れや社会変化に敏感であるということであり、社会状況の推移に対応した提言が、その時々の文部行政を動かしてきた要因でもあると思う。

私大協では現在、「高等教育の構造」をどう転換していくか、というまさにパラダイム転換ともいえる論議が展開されている。

そのなかで大沼が主張するのは、

「高等教育をどうするか」

「大学をどうするか」

この２つを分けて考えることである。

議論が混乱しがちなのは、その点に留意しないことによるからだ、という。

つまり、大学だけが高等教育であってはならない、ということだろう。繰り返すようだが、21世紀の社会では、どのような職種も高等教育レベルの学びが求められるようになっている。

大沼は30年前に早くも、こうした考え方を提示していた。１９８４（昭和59）年度の東京都専修学校各種学校協会の研修会での講演である。

「高等学校への進学率がついに、90％を超えました。そういう時代になっても、昔の時代の選ばれた人のためのカリキュラムを組んでいる。だから大半の生徒はついていけずに、教育そのものが形骸化している」

「『質が下がった』などと嘆いているわけですが、時代の変化に対応していないからです。大学も50％の人たちが入るようになって、すべてのところが昔の水準を維持しようとしても無理です」

「今まで、偏差値の非常に低い人たちは放っておかれました。社会に放り出して、『あとは勝手に生きなさい』という方針でした。医者や工学士、法学士になる人たちには大量の金をかけるのに、美容師や調理師になる人にはお金をかけないというやり方を、日本の文教政策はとってきたのです」

こう情勢分析していた。

そのうえで、「21世紀に向かって高度化が加速する社会では、今まで高等教育を受けられなかった人たちも、受けさせて社会に送り出していく」ことを提案し、高等教育に進む若者が増えることに伴う問題にどう対応していくかが、それ以後の大きなテーマになる、と見通していた。

講演ではまた、「専門学校がいかに生き残っていくか」が強調された。それも同業の経営者の立場からすれば当然のことだろう。

大沼は「大学の団体（私大協）の仕事に専念するようになる前は、もっぱら専修学校や専門学校のことを考えていました」と語っている。

私大協会長を20年間も務める。そうさせたのは戦後の多彩な経験に基づく大沼のこの状況判断の的確さにあった。

た。

▼「自由さ」こそ、専門学校の価値

30年も前の講演で大沼は、現在の高等教育機関が直面している厳しい環境を予告していた。

「いまは入学者が増えていますが、1992（平成4）年を過ぎますと今度は、急速にその数が減っていくことは誰もが知っていることです。21世紀には18歳人口はだいたい140万人になり、やがて120万台の人口構造のなかで考えていかなければならない」

その条件で、大学進学率が40％を維持するものとして計算すると、専門学校に入ってくる人たちは大幅に減ってしまう。当然、専門学校と大学や短大との生き残り競争が加速するはずである。

専門学校を取り巻く環境は厳しい。しかし、大学や短大も「従来の考え方で安易に権威にすがっていくとすれば、存立が難しくなる時期がおそらくやってくるだろう」と。

しかし当時も、専修学校や各種学校から大学に移行する流れは止まらなかった。「安易に権威にすがった」結果とするわけではないが、「1条校」という安定した枠組みが経営者の多くを引きつけたことは間違いあるまい。

政府の規制緩和なども相まって、私立大の数は急速に膨れ上がり、生き残り競争はさらに厳しさを増す。

歴史のある「建学の精神」をアピールできる伝統校に対抗しようと、新設校を中心に、それまでなかった学部名で新鮮さを打ち出す戦術が流行し、いまも続いている。

そうしたなか大沼が力説したのは、専門学校や専修学校は「特色のある教育をしないかぎり、大学・短大には負ける」ということだった。

「文化学園内の専門学校である文化服装学院の人たちに言っているのは、大学のまねだけは絶対にするな、ということです。それよりも、21世紀に必要な職業群がたくさんあるのですから、新しい目標に向かって人材育成をしていくことなのです」

戦後、文化服装学院のような専門学校は次々と廃業していた。

そうしたなか文化学園では、ファッション工科専門課程、ファッション流通専門課程、ファッション工芸専門課程と、カリキュラムを充実させた。

ファッションの専門学校の教育内容を、その分野での「高等教育」として恥ずかしくないレベルに引き上げたのである。

「その際、教員の養成が大切なわけですが、国は一切支援してくれません。だから、うちは自家養成したわけです。学生たちに目標を与えて勉強してもらうことで、変わっていったのです。それがファッションの専門家（プロ）の育成という実を結ぶのです」

大沼は考える。

「学の蘊奥を極める」。そんな高度な高等教育のグループも当然あるべきだろう。しかし、教えることを自由にし、教育内容もそれぞれに任せるという学校も必要ではないか。いま問われているのは、学校で教えていることが、社会に出たときに役に立つかどうかではないのか。

「こういう学部があるとか、偉い先生がいるとか、日本人はそんなことばかりにこだわる」。そうした悪弊を断って、「教育を自由にすること」こそ大事で、そうした環境でなければ真っ当な競争は生まれない、と。

専門学校は、規制に縛られないこの「自由さ」にこそ見るべきものがあるのであり、その教育を高等教育にふさわしい内容に引き上げることが現代社会の要請であると強調する。

2019（平成31）年度から、「専門職大学」「同短期大学」の新しい制度がスタートする。政府は文化服装学院をはじめとして、専門学校の多くに新大学への移行を働きかけてもいる。

しかし大沼が早々と、「（文化服装学院は）専門職大学にはしない」と態度を明らかにしているの背景には、規制によって専門学校の特色が奪われることを恐れるからにほかならない。

▼「専門職大学とは何者か」、疑問を提示

文科省によると、専門職大学の創設の背景は「高等教育への進学率が上昇する中で、産業界からは、より実践的な教育へのニーズや、学び直しへのニーズへの対応が求められ、変化の激しい社会に対応した人材、すなわち、より高度な『実践力』と新たなモノやサービスを創り出せる『創造力』を有する人材の育成強化が急務となっていること」がある。

特色として「卒業単位の3~4割程度以上を実習などの科目とするとともに、適切な指導体制が確保された企業内実習（インターン）などを、2年間で10単位以上、4年間で20単位以上履修すること」をあげ、必要な専任教員数の約4割以上を企業勤務などの経験のある実務家教員とし、その半数以上は研究能力をあわせ持つようにする、という。

卒業生には、それぞれ「学士（専門職）」と「短期大学士（専門職）」の学位が授与される。

これに対して、私大協の「教育学術新聞」は2017（平成29）年8月8日付1面のコラム「アルカディアの風」で、「専門職大学とは何者か」とのタイトルで、この新制度そのものに疑義を呈した。

少し長くなるが、その全文を引用する。

「新たな高等教育機関である『専門職大学』制度を設立する法改正案が今年の第193

回通常国会で成立し、設置基準が急ピッチで整備されているという。

筆者は、去る4月21日に、衆議院の文部科学委員会の場で、この件について参考人として意見聴取に臨んだ。その際にも述べたことだが、新しい高等教育機関の発足については紆余曲折の経緯があったことも承知しているし、高等教育への多様なアクセスへの新たな機会が生まれる点は評価したいが、今なお『新たな専門職大学とは何者か』という点において不明な点等が多い。大学団体の職員としては、今一度、論点を整理したいと思う。

1つ目が、既存大学・短期大学との整合性である。制度上は、アカデミックな従来の高等教育機関に加えて、ヴォケーショナル（職業的）な高等教育機関であると説明されている。しかし、資格取得、職業養成は、多数の既存大学ですでに行われていることであり、今、このタイミングで新機関として設立する明確な理由が、あまりにも弱い。つまり、現行法のなかで十分に取り組みが可能なのである。この点は、さらに政府・文部科学省による丁寧な説明が必要と考える。

2つ目が、現在、審議されている設置基準関連についてである。現時点では、おおよそ大学設置基準とそれほど変わらないものになるだろうと言われているが（そうであるならなおさら既存の大学でよいと思うのだが）、『大学』を名乗るからには、学位の世界共通性のもと教育・研究・社会貢献の質を保つ仕掛けづくりが必要であって、その設置基準は職業高等教育の基本的枠組みを規定するのであるから、安易な緩和基準であってほしくはないというのは大学団体の驕りであろうか？

3つ目が、私学助成についてである。仮にこの新機関が発足するのであれば、既存の私学助成とは別枠による財政措置をしてほしいと以前より訴えてきた。この点は、衆参両院の付帯決議にも採用されて明記されている。政府も、その要望を（なるべく）実現するように努力をすると述べているが、重ねて訴えておきたい。

4つ目が、東京一極集中の是正との整合性である。東京23区の大学は、定員増の抑制政策が行われているが、例えば、専門職大学であれば設置可能になるのであろうか。さらに言えば、全国的にどの程度の専門職大学新設を見込んでいるのか。これは高等教育の規模の問題にも関わってこよう。この問題は社会人や留学生の受け入れ施策とも同種の問題である。

いったん発足した教育機関は軽々に中止（廃止）することはできない。内閣府主導で見切り発車の新制度には前述の通り、更に詰めなければならない課題がある。この点は中央教育審議会の『高等教育の将来構想』で議論すべきことでもあるが、ことここに至れば小さく産んで確実に大きく育てる思想が重要になるだろう。関係者の英知の結集を望みたい。

（H／K）」

コラム末尾に個人のイニシャルはあるものの、この新聞は、大沼が代表を務める「教育学術新聞運営委員会」によって管理されており、専門職大学に対する私大協としての公式見解とみていいだろう。

私大協のほかに教育専門家の間でも、この制度によって専門職大学に移行するところは少ないだろうとの論評がみられる。そこにさまざまな規制が生まれるからである。

たとえば、必要な専任教員数の約４割以上を実務家教員とし、その半数以上は研究能力をあわせ持つようにする、としているが、この「研究能力」には「大学などでの教員歴」「修士以上の学位」または「企業などでの業績」のいずれかを求める、とされた。

これが一般の専門学校などにとっては大きな負担になることは間違いない。

そこで、移行を考える分野は限られてくる。

医療系の学校は専門職大学という名前に魅力を感じるかもしれない。しかし、その場合でも６年制が条件である医学部、薬学部、獣医学部はつくることができない。

このため医療系でも「レントゲンや検査、看護士、アンマ、針灸」といった分野に限られるのでは、と指摘される。

なぜ、専門学校を大学教育と同等に扱うことが許されず、性格のはっきりしない専門職大学のような制度が生まれるのか。そこには大学教育の学校間の利害対立や政治的な駆け引きがあり、妥協が図られたらしい、という。

大沼は言う。

「なぜ、文科省が規制する大学を新たにつくるのか。審議会などで議論すると必ず、社会状況に適応しない失敗作が生まれるのです。それは歴史が証明しています。専門学校を高等教育にする。それほど難しいことではありません。学校教育法の『1条校』に位置づけ、そのうえで専門学校のそれぞれの特色を殺さず、発展させられるように制度設計すればいいのです」

「その際、専門学校の自由な領域を活かすようにすることです。文科省は、産業界からからはより実践的な教育へのニーズや、学び直しへのニーズへの対応が求められている、と言いますが、言葉だけの『実践力』や『創造力』ならこれまでも、掃いて捨てるほど出されては消えているのです」

いま求められる「高等教育の構造」の転換、それが現実社会の変化を見ることなく、机上の論議によって進められては困る、というのだ。

③日本の文化特性から高等教育を考える

▼アメリカとの相克が独自の教育観に

大沼は敗戦を17歳で迎え、その後、73年の「戦後」を歩んできた。明治維新から150年、そのうちのほぼ半分の長さに、「戦後」とよばれる時代が達している。

大沼は、明治維新後の西洋化路線について、「近代化を急ぐあまりに欠落した部分が多い」と考えてきた。

「江戸時代にあった各種の職業も、欧化主義とは関係のないものは学校教育の対象から外されました。日本の古来の文化を教えずに、すべてを捨てて、近代化に走っていたのです」

それは新興国である日本が、限られた時間で西欧列強に追いつくために明治政府が進めた政策である。

しかし、その結果、「江戸時代に何をやっていたのか、さっぱり分からなくなった。シェイクスピアの古典英文が読めて、自分の祖父の書いたものが全く読めなくなるような教育が、いい教育だと考えるような社会になってしまったのです」という。

確かに、明治とは日本人にとって、価値観の大転換を余儀なくされた時期ということができる。

そして敗戦後の日本も、同じような「価値観の空白」を経験せざるを得なくなる。軍隊組織はもちろん、官僚機構も土地制度も経済慣行も、戦前のものはすべて見直され、次々と改編されていく。

大沼は、こうしたアメリカによる日本改造とでも呼ぶしかないGHQの政策遂行の最前線で働くことから、戦後をスタートした。

当然、アメリカの流儀と日本のそれとが衝突する。ことに「国家百年の計」といわれる教育は、社会の根幹にかかわる分野だけに大沼の相克はどれほど大きいものだったか、想像に難くない。

大げさでなく、日本の文化がアメリカのそれによってどこまで侵食されるか、という歴史的実験の様相を呈した。人事院というGHQの息のかかった職場で働くことは、そのような意味を持っていたのではないだろうか。

わずか数年の占領政策によって、日本の社会構造がアメリカの思うように変えられるはずもない。

多くの仕事が成就されないままに残ることになった。戦後の日本社会で起きているさまざまな矛盾の一端は、アメリカによって導入された制度と日本の伝統文化、その価値観が折り合わないことにある、といえる。

そこで大沼が知ったのは「人間集団の根本原理は不変」「日本人は、欧米人や中国人とは物の考え方が違う」という事実だった。

多くの日本人は特定の宗教を持たずに、社会生活を営んでいる。人間のこころを大切にする独特の共同体意識が、それを下支えしている。

それがときには美点ともなり、他方で「偏狭さ」とうつることもある。

大沼は、そうした日本人の生き方や文化を思い、教育の現場で「より良い道」を模索してきたという。

▼行政に「保護」を求めたがる教育界

日本人の考え方とはどのようなものだろうか。大沼が経験した事例から考えてみよう。「偏差値」はなぜ、日本社会でこれほど重要視されるのか。文化学園が東京の杉並区にあった私立高校の経営を引き継ぐことになったときの話である。

大沼はその高校で、最初の職員会議に出てみた。教育方針について説明を求めると、「しつけや社会常識などを重視し、しかも、学力の低い子でも受け入れ、できない子でも良くしようと努力しています」という。

崇高な理想を掲げた教育ではある。しかし、調べてみると、偏差値が40以下の子供しか入っていなかった。

肝心の受験生を集めるにはどうすればいいか。大沼は、次のような提案をする。

「偏差値40以下の子は入れるな。50以下の子は一切入れない高校にしたらどうか」

教職員たちは「そうしたら入学者は激減してしまいます」との返答だった。「いや、そんなことはないと思う。50以下の子は1人も来年から入れませんと、中学校へ行って話してごらんなさい」と押し通した。

すると、その年の応募者は800人にも増え、しかも、偏差値50以上の子供ばかりだった。それまで、偏差値50以上の受験生がほとんどいなかった高校の様相が一変していた。

大沼は「日本の学校は『誰でも入れます』というと、誰も来なくなるのです。見方によっては非常に怖い社会ですが、入り口を狭めれば狭めるほど、人が殺到してくるのです。その一番の例が東大で、簡単には入れないから、みんな行きたがるのです」という。

教育の理想と現実とは、それほど大きく乖離している。

大沼は、アメリカの教育制度を逆照射することで、日本の教育界をみてきたことで、日本人の変わらない性格を見抜けるようになったのだろう。それが経営にも活かされた。

日本人は「自由」よりも「平等」を愛する、というのもその1つで、どこの業界も「行政に対して、みんなが平等に扱われる」護送船団方式を求めていた。

「行政による『許可』や『認可』とは、すなわち保護のことなのです。私学助成にしても、届け出だった定員を許可制にすることで、国から補助金をもらうという管理システムです」

「日本の教育界には、自分たちは変わらずに、なんとか守ってもらおうという発想が根強くあります。守ってもらうのではなく、自らどうしていくかを考えられる、知恵を持った集団でなければならないのですが……」

こうした冷厳な分析は、大沼ならではのものだろう。

GHQのプランで未完成になったものでは、日本が相変わらず「学閥社会」である事実が恰好の例になる。

1948（昭和23）年の新学制により、入学試験を中心とするそれまでの選抜システムから、アメリカ型のディプロマ（卒業証明書）を重視する選抜へと切り替えられた。

新制度は、日本も、卒業証書がなければ上の学校への進学ができない、というアメリカ型への移行を意識したものだった。入学試験にさえ通れば卒業を待たずに「四修」で進学できる旧制中学のような制度から、アメリカ型のディプロマがなければ上の学校に進学できないという制度である。

しかし、この建前はいまだに実現していない。むしろ、戦後の歩みは入試制度を強化する方向で進んできた。「せっかくの〝ディプロマ・システム〟も、真剣に検討されないまま、戦前の選抜方式が温存された」という。

たとえば公務員や外交官では、上位大学では在学中にも受験資格が与えられ、卒業せずに採用される。卒業を待たない人の方が、むしろ優秀とみられる。

「現実には、ディプロマを取ってからではライバルに遅れをとるのですから、6・3・3・4制の理念とは相反する中味といえます。企業でも同じで、たとえば修士や博士課程に進んでいることよりも、企業内に何人、同じ大学を出た人がいるかの方が優先されるのです」

なぜ、そうなったのか。「その方が歴史のある大学に有利だから」ということになる。

日本では、大学院に進む学生がなかなか増えない。それは一般の大学の修士号や博士号も、名のある大学の仲間意識には負けるからなのだろう。

「とにかく有名大学に入ってしまえば、社会がその能力を認めてくれるのです。採用する方も、大学で何を学んだかは大して期待していない。そうなると学生の方も、大学でどういう勉強をして、どういう能力を身につけるかということを、あまり考えなくなるのです」と大沼は解説する。

そして、このこともまた日本人の「人間集団」としての根本にかかわることで簡単には断罪できない、という。

日本人は、その人物がどういう人間集団に入っているかを重視する。企業に入ると、企業が抱え込みたがるから、「大学に戻って、学び直しを」といった休職も白い目で見られかねない。

しかし、こうした現象も裏を返せば、「忠義」の「忠」の心が日本人に残っているからにほかならない、と大沼はみる。

「帰属する集団を大切に思い、忠誠を尽くそうとすることは、必ずしも悪いとはいえません。むしろ美徳かもしれない。そこに難しさがあるのです」

▼「人間教育」は、何を基準にすべきか

確かに、人間集団の根本のところは変わらない。日本人の共同体にも、昔ながらの心情や考え方が残ってはいる。しかし、自分たちが育ったころとは、やはりだいぶ違っているとも感じている。

大沼は複雑な思いで日本社会、とくに最近の若者たちを見ている。

「20年近く前に、政府の教育関連の会議で、現代の子供たちが憂うべき状態にある、との報告がありました。大学についても、いろいろな改革案が出されてきましたが、学生指導、とくに人間教育は重要テーマと感じています」

個性の尊重、教育の自由といった言葉が盛んに使われる。しかし、日本人にとって自由とは一体何なのか、子供の個性を尊重するとはどういうことを意味するのか、わからなくなっている、という。

戦争によって、日本人として生きるための指針、基準を失ってしまったことが大きい、と考えざるを得ない。

「恭倹己を持す」という教育勅語の言葉を、大沼は座右の銘にしてきた。勅語は、軍国主義をはびこらせ、日本を戦争へと導いたとして戦後、あっけなく廃止されている。しかし、そこにある「親には孝養を」「兄弟・姉妹は仲良く」「夫婦は仲睦まじく」「友人は信じ合い」「全ての人々に愛の手を」といった精神は、決して軍国主義につながるようなものではなかった。

特定の宗教を信じる人の少ない日本では、生きるうえでの大切な、普遍的（ユニバーサル）ともいえる性格の「徳目」であったのが、十分に吟味されることもなく葬り去られた。それが今日の日本人の人間形成に大きく影響している。「自分勝手な振る舞い」「わがままな行動」が目立つ。うるさくて授業にならない「学級崩壊」が、大学にまではびこってきている。

少し前、ドイツの姉妹校を訪ねたときのこと、20年ぶりだったが、見違えるほど立派になった教会の前に音楽隊が出てきて、牧師と村長に最高の出迎えを受けた。大沼はそのとき感じた。

「同じ敗戦国なのに、ドイツは宗教教育ができて、日本は伝統的な宗教を教育することができないのは、なぜか。ドイツはキリスト教だからなのです。戦後の日本国憲法は、アメリカの肝いりでキリスト教の根づいていない日本での宗教教育を禁止しているのです」

「教育勅語もＧＨＱの方針で廃止されました。キリスト教なら聖書、イスラムならコーラン、儒教なら論語があり、それらに基づいて、あるべき人間像が定められ、それが強制や禁止の手段ともなっている。しかし戦後の日本は、倫理的な枠組みを持たないままに、『個性豊かに』などと言っているのです」

枠を外してしまえば、「個性」は分からなくなる。ユニバーサル、普遍的な原理のないところに、目立った個性など出てくるはずがないのだ。

しかし戦後長く、そのような状態が続いてきたのは「われわれの世代の大きな怠慢であった」と大沼はいう。

子供たちを叱るべき基準、強制や禁止の規準をなくしてしまったから、自由の意味をはき違えた放任主義がまかり通る。

「何も言わないことは、教育をしたことにはなりません。何も言ってくれないから、子供は分からないのです。父母や教員、地域の人たちが何ごとかを語っても、内容がバラバラでは、子供は立ち往生するばかりです」

そうした現状を打破する真剣な努力が求められている、と大沼は言う。

▼教育の「坂の上の雲」はどこに

人間は自分の生まれた時代、生まれた地域社会のなかで育つ。チョウが繭から出てくるときには、育った時代と環境によってそれぞれ違ったものになる。

大沼の敬愛する司馬遼太郎は、そう述べていた。

「それぞれの民族なり、国なり、地域社会なりは、長い歴史的な現実のなかでできあがってきている。それが伝統と文化です。ところが伝統と文化について正しい理解がなされないまま、教育が行われてしまったのです」

私学教育に携わる1人として、こうした事実を認めざるを得ないことの重みを思わずにはいられない。

戦争によって倫理的な基準を失ったようにみえる日本の現状を、では、どうすれば良かったのか。

司馬遼太郎の小説に『坂の上の雲』がある。西欧に追いつけ、追い越せ、その目標を「坂の上の雲」になぞらえて、一生懸命に努力してきた。その結果、日本は西欧の人たちも驚くような急発展を遂げている。

1968（昭和43）年、明治維新からちょうど100年に当たるこの年、日本のGDPがアメリカに次いで世界第2位になる。工業化を成し遂げ、人口増加率もピークに達していた。

「あのころ、じっくり考えるべきだった。当時、日本人のなかには、これで『坂の上の雲』をつかんだと言う人たちがいました。何となく、社会全体が浮かれたようにも見えたのです。しかし、国家としての『坂の上の雲』は明治期の人たちが掲げた目標であって、戦後の日本人は別の見方をすべきだったのです」

「確かに、経済的には見事に復興し、世界の先進国に再び返り咲くことができたが、しかし、日本人の精神的な面はどうなっているのか、立ち止まって考えるべきだったのです。生活の豊かさは戦前のレベルを超えるまでになっていても、『心』のあり様は顧みられていなかったと思います」

そのとき、日本人が敗戦によって失ってしまった「大切なもの」を思い出すべきだったのだが、そのチャンスを見逃してしまった。

そう大沼は考える。

次の社会は自分たちでつくる。海外に出ても、見劣りのしない日本人であってほしい。若い人たちには、その覚悟をぜひとも持ってもらいたい。

そのためには、まず日本の歴史や文化をしっかりと身につけることが大切なことを分かってほしい。

大沼は、若い人たちが日本人の「伝統の精神性」を取り戻し、この国のために働いていける環境ができることを祈り、そして、今後も「私学の教育人」として努力していくことを心に誓っている。

大沼淳（おおぬま・すなお）略歴（現は現職）

〈履歴〉

昭和 3年　長野県飯山市に生まれる
19年　長野県立飯山中学校卒業
20年　海軍兵学校修了（終戦のため）
24年　人事院に採用される
35年　学校法人並木学園（現・文化学園）理事長（現）
38年　（株）市川製作所（現・市光工業株式会社）社長
44年　文化女子大学（現・文化学園大学）学長
49年　（学）文化杉並学園理事長
51年　文化服装学院学院長
55年　文化外国語専門学校校長
58年　（学）文化長野学園理事長
62年　文化学園服飾博物館館長（現）
平成18年　文化ファッション大学院大学学長（現）

〈公職歴〉

昭和39年　全国各種学校総連合会（現・全国専修学校各種学校総連合会）理事長
40年　文部省（現・文部科学省）大学設置審議会委員（９期）
43年　文部省（現・文部科学省）私立大学審議会委員（２期）
46年　社団法人日本青年社長会（YPO）会長
59年　臨時教育審議会専門委員
平成 3年　財団法人日本ファッション教育振興協会会長（現）
5年　文部省大学設置・学校法人審議会委員（３期）
5年　ファッションビジネス学会会長（現）
6年　日本社長会（NPO）会長
8年　財団法人私学研修福祉会理事長（３期）
10年　繊維ファッション産学協議会副理事長（現）
12年　日本私立大学協会会長（現）
12年　日本私立学校振興・共済事業団運営審議会委員（18年から会長）（現）
12年　文部省国立大学等の独立行政法人化に関する調査検討会議委員（２期）
15年　独立行政法人国立博物館運営委員会委員（17年から副委員長）
15年　東京国立博物館評議員会評議員（17年から29年まで会長）
19年　独立行政法人国立文化財機構運営委員会委員

著者略歴
平山 一城（ひらやま・かずしろ）
ジャーナリスト。1975年、北海道大学法学部を卒業し、産経新聞社に入社。社会部、経済部、外信部を経て米国ジョンズ・ホプキンス大大学院（SAIS）に留学、国際関係論の修士を取得。モスクワ特派員や論説委員、編集委員を歴任した。著書に『大学の淘汰が始まった！』（宝島社）『長野県知事・田中康夫がゆく』（扶桑社）『信州スタンダードで大丈夫か⁉』（産経新聞）『虹　日本弘道会のさらなる発展のために　鈴木勲の「道徳復権」への挑戦』（悠光堂）など。

聞き語りシリーズ　リーダーが紡ぐ私立大学史①
文化学園大学　大沼 淳

2018年4月10日　初版第一刷発行

企画・協力　日本私立大学協会

著　者　平山 一城
発行人　佐藤 裕介
編集人　冨永 彩花
制　作　原田 昇二
発行所　株式会社 悠光堂
〒104-0045 東京都中央区築地6-4-5
シティスクエア築地1103
電話：03-6264-0523　FAX：03-6264-0524
http://youkoodoo.co.jp/
デザイン　J.P.C
印刷・製本　明和印刷株式会社

ISBN978-4-909348-00-5　C0036